la psycho 100 % ado

Pr. Philippe Jeammet
Odile Amblard

Illustrations : Soledad

BAYARD JEUNESSE

Le thème

Dans chaque chapitre sont regroupées les lettres des adolescents qui parlent d'un même thème, ou évoquent le même problème.

On se dit tout

Toutes les lettres citées ont été envoyées à *Okapi* par des lecteurs et des lectrices du magazine. Leurs prénoms ont été modifiés. Tous ont reçu une réponse personnalisée.

La réponse

La journaliste Odile Amblard donne une réponse générale à toutes les lettres rassemblées dans le chapitre. Même si chaque lettre n'a pas sa réponse particulière, chacun peut y trouver des pistes qui correspondent à ses questions à lui.

Pour aller plus loin

Comme la réponse n'aborde pas tous les aspects de la question, le professeur Philippe Jeammet prolonge la réflexion, développe certaines idées et propose d'autres pistes aux ados.

Si tu veux à ton tour écrire à *Okapi*, adresse ta lettre à
Okapi/on se dit tout,
3, rue Bayard, 75393 Paris cedex 08
sans oublier d'indiquer ton adresse.

Tu peux aussi envoyer un e-mail à
okapi@bayard-presse.com

ou te connecter au site
www.okapi-jebouquine.com

« On se dit tout » : belle promesse, pari audacieux ! Belle promesse que d'offrir aux adolescents un espace pour accueillir leurs lettres, tissées de peurs, de colères, de joies et de peines. C'est ce que fait deux fois par mois le magazine *Okapi* dans sa rubrique « On se dit tout », qui aborde grâce à ce courrier tous les sujets 100 % ado : moi, mes amis, mes parents, mes amours, la société, le sens de la vie... Dans ce livre, chacun de ces thèmes, introduit par les lettres reçues, constitue un chapitre. Et peu à peu se dessine un portrait de l'adolescence.

Pari audacieux aussi que de répondre à toutes ces questions avec justesse : les adolescents ne sont plus des enfants et pas encore des adultes. Ni copain, ni parent, ni prof, nous avons choisi, dans ce livre, comme à *Okapi*, d'occuper une autre place, celle d'un adulte médiateur, démineur parfois. Nous sommes à la fois assez lointains et assez proches pour pouvoir mettre en perspective, donner des repères, marquer des limites, sans dicter un mode d'emploi ou un « prêt-à-penser » de la vie.

Ainsi s'engage, dans chaque chapitre, un vrai dialogue. Sans pitié, comme disent les ados : oui, l'adolescence est une véritable seconde naissance, elle peut donc être difficile, douloureuse, mais personne ne doit ni ne peut la vivre à leur place. Sans faux désespoir, non plus : non, les ados ne sont pas qu'accros à la conso, à la radio, à la télé, et aux « chats », ni nourris de porno et de violence. Ils attendent beaucoup des adultes et préparent la société de demain. N'est-il pas normal que cela les inquiète un peu... beaucoup... passionnément ?

C'est sans doute pour toutes ces raisons que le professeur Philippe Jeammet, chef du service Psychiatrie de l'adolescent et du jeune adulte à l'Institut mutualiste Montsouris à Paris, président de l'École des parents et des éducateurs, a répondu à notre invitation. Chaque chapitre se conclut par un entretien que nous avons eu avec lui, au cours duquel il approfondit certaines interrogations, explique réactions et phénomènes, revient sur l'enfance ou projette l'adolescent dans l'âge adulte. Un bout de chemin, en bonne compagnie, quoi de mieux pour aller plus loin ?

Odile Amblard - « OKAPI »

« Qu'est-ce qui m'arrive ? »

on se dit tout

« Je ne suis plus comme l'année dernière. Je suis en 5e, et je suis plus coquette… Bref, je me la pète au collège. Je ne sais pas à quoi c'est dû. L'an dernier, j'étais en 6e et je voyais les filles se maquiller aux toilettes, apporter leurs brosses, leurs barrettes… Et je disais qu'elles faisaient n'importe quoi. Cette année, je fais tout ce que je m'étais juré de ne pas faire. Je me maquille. Je m'y crois (surtout face aux sixièmes). Je suis en train de devenir une grosse frimeuse qui ne pense qu'aux fringues et à plaire aux mecs … »

Émilie, 12 ans

« Depuis cette année, tout change, et cela me perturbe. J'ai des sautes d'humeur et je me dispute régulièrement avec ma mère. En plus, mon corps se transforme, ma poitrine se développe et je ne supporte plus que ma mère me voie, parce que cela me gêne et mon père, c'est encore pire. Je voudrais savoir si c'est normal ou non d'être si différente cette année ? »

Estelle, 12 ans

« Ma mère n'a pas encore abordé les “sujets capitaux” : se maquiller, s'épiler les jambes, sortir avec des garçons, porter un soutien-gorge à la place d'une brassière… Est-ce à moi d'en parler ? »

Pauline, 14 ans

« Je voudrais savoir à quel âge on entre dans l'adolescence, car ma mère et mon père me disent des choses du genre : “T'as fini de te prendre pour une adolescente ?” Quand il y a un film à la télé que je veux voir, ils regardent l'avis du journal dans le programme, et s'il y a indiqué “pour adolescents et adultes seulement”, ils me disent : “Que je sache, tu n'es ni une adolescente, ni une adulte.” »

Flora, 12 ans

« Je suis très nerveux. Dès que quelque chose m'énerve, j'explose ! Je suis donc à la fois coléreux et nerveux. En plus, je suis souvent de mauvaise humeur, car je me mets en colère ou je "stresse" pour une bagatelle. Le pire, c'est que je me ronge les ongles (j'aimerais m'arrêter), mais aussi, j'ai souvent des prises de tête atroces. J'aimerais à la fois être plus cool et être de meilleure humeur. Comment faire ? »
Jérémie, 12 ans

« J'ai un gros problème, je ne connais ni mes qualités ni mes défauts, alors j'essaie d'imiter quelqu'un que j'admire. Mais ça n'arrange pas les choses, et on me prend pour une idiote. Je sais que ça n'est pas la solution, mais je ne peux pas m'en empêcher. Je n'ose pas en parler à mes amies et à ma famille. Bref, je n'arrive pas à être moi-même. »
Lucie

« Je suis trop timide ! Je ne sais jamais comment être quand une personne me parle, s'il faut que je rigole, que je reste calme... Je n'ose pas parler à certaines personnes, je suis très mal à l'aise avec les gens que je ne connais pas. » Élian, 12 ans

« J'ai 11 ans et j'ai peur de devenir grande. Il y a plein d'animations auxquelles les plus de 12 ans ne peuvent plus participer (en particulier les jeux du jardin public). J'ai peur que ça me manque terriblement. Comment faire ? »
Marion

« J'ai eu 14 ans il y a quelques mois, et ce que je vais te dire va sûrement te faire rire, mais voilà : je n'ai pas envie de grandir. Je sais bien qu'on ne peut pas arrêter le temps, mais voir les jours passer à une telle vitesse me stresse complètement. En plus, je n'ai aucune envie d'être en 3e, d'aller au lycée, de devenir adulte, de vieillir...
Je voudrais toujours rester une ado, car je pense que c'est la plus belle partie de ma vie. Mais, contrairement à ce que tu peux penser, je suis bien moins gamine que mes amies ! »
Daniela

« J'ai 13 ans, je suis en 4e et on me traite de bébé ou d'anormale. Pourquoi ? Parce que je ne me maquille pas, que je ne m'intéresse pas encore aux garçons, que je ne fume pas, et que je joue beaucoup avec une amie. On nous répète tout le temps : "Pas normales, pas matures, des bébés, des gamines." Pourtant, la plupart des garçons sont nos amis. Ce sont les filles qui ne nous comprennent pas. Mais, à 13 ans, on a encore le droit d'être jeune, non ? »
Sarah

adolescence, turbulences !

Attention, turbulences ! Votre avion a décollé, et vous voici prié(e) d'attacher votre ceinture. Le voyage ne fait que commencer : nul ne sait quand il finira, ni comment il se déroulera. Où allez-vous atterrir ? Au programme : trous d'air à toutes les étapes ! Pour vous qui êtes le premier ou la première concerné(e), mais aussi pour ceux qui vous entourent, parents, famille, profs, et même copains, copines…

Le premier surpris

● Les préparatifs pour votre grand voyage à travers l'adolescence ont commencé à votre insu, sans avertissement. Peut-être à la fin de votre dernière année de primaire, ou bien sitôt le seuil du collège franchi, ou alors entre la 6e et la 5e… Hier encore, vous étiez une fille ou un garçon tranquille, plutôt sûr(e) de vous, adorant bouger, faire du sport avec les copains, des sorties avec les parents… Toujours prêt(e) à vous occuper du petit frère ou de la petite voisine. Et puis, soudain, vous vous surprenez à vous surprendre : vous commencez à trouver que parfois « non, mais ils exagèrent, les parents, à me prendre toujours pour un bébé ». Vous aimeriez bien qu'ils vous laissent fermer la porte de votre chambre à clé, ou qu'ils acceptent que l'heure des devoirs soit enveloppée d'un épais halo musical sans hurler : « Baisse le son ! »...

« Je ne suis plus un bébé ! »

● Car, faut-il encore le leur dire, vous n'êtes plus un bébé. La preuve, vous vous comportez parfois comme un(e) vrai(e) grand(e) : et pschitt ! – du gel avant de partir au collège; et pschitt ! – du parfum; et pschitt ! – des bouffées de timidité et de stress qui surgissent d'on ne sait où; et pschitt ! – une tendance à la susceptibilité; et pschitt ! –

Ce drôle de désir d'être remarqué(e), cette envie bizarre de plaire.

ce drôle de désir d'être remarqué(e), cette envie bizarre de plaire. Alors qu'avant, ces chichis et tralalas vous semblaient d'un nul... grave !

« Qu'est-ce que je vais devenir ? »

● Graves, toutes ces petites turbulences qui parsèment vos journées ? Non, absolument pas. Ce sont juste des indicateurs d'un changement annoncé. Un changement profond qui ne modifiera pas que votre corps ou votre visage, mais aussi votre intérieur, jusqu'au plus intime de vous-même : vos pensées, vos sensations, vos émotions. Développement de nouvelles

Ce sont juste des indicateurs d'un changement annoncé.

passions, engouement pour telle idée ou telle star, établissement de relations fortes entre filles ou entre potes, immersion brutale dans l'univers des jeux vidéo ou du rap, essayage de nouveaux looks, adoption d'un autre langage...
Excitant, non ?
Un peu inquiétant aussi... Car, quand tout « bouge » comme ça, comment garder la maîtrise de soi ? Comment imaginer qui on sera dans un an, deux ans, ou trois, ou cinq ? Comment savoir quelle personne on va devenir, quelle personnalité on va avoir ? Quand on ne se reconnaît plus dans la glace, quand on ne se comprend plus soi-même, il y a de quoi perdre le cap !

pour aller plus loin

« Je voudrais savoir à quel âge on entre dans l'adolescence », demande Flora, 12 ans. L'âge de l'adolescence existe-t-il vraiment ?

L'adolescence, c'est ce passage de l'enfance à l'âge adulte, marqué par un phénomène physiologique qui transforme le corps : la puberté. Ce n'est ni une invention récente, ni une maladie, contrairement à ce que certains adultes semblent sous-entendre !

L'adolescence, c'est en fait la façon dont une société répond aux changements provoqués par la puberté chez les filles et chez les garçons. Ainsi, dans de nombreuses civilisations, les jeunes qui entraient dans la période de la puberté étaient mis à l'écart et subissaient un certain nombre d'épreuves, physiques et mentales, à l'issue desquelles ils étaient admis dans le camp des adultes.

En France, quelles étaient ces épreuves ?

Pour les filles, la communion solennelle était autrefois une sorte de cérémonie préparatoire au mariage : les jeunes filles toutes de blanc vêtues ressentaient des émotions comme elles pourraient en connaître plus tard lors de leur mariage. Pour les garçons, c'était le service militaire : après l'armée, on était un homme, un vrai !

Aujourd'hui, **le baccalauréat** joue un peu ce rôle d'épreuve qui marque la fin d'une époque et le début d'une autre. **Le permis de conduire,** en assurant une plus grande liberté de mouvement, **semble être l'autre symbole du passage vers l'âge adulte.**

L'adolescence, ça commence et ça finit quand ?

Pour simplifier, disons qu'elle commence avec les premiers signes de la puberté, soit entre 10 et 16 ans en moyenne. Parler de sa fin, c'est plus difficile ! Elle s'étalerait entre l'obtention du bac, celle du permis de conduire, l'entrée dans la vie active et le départ de chez papa-maman. Soit entre 18 ans et... 28 ans ! On comprend donc bien que l'adolescence, ce n'est pas seulement la puberté, c'est aussi un phénomène social : la façon dont notre société organise, ou plutôt retarde, l'entrée dans la vie professionnelle d'une nouvelle génération.

À quels signes reconnaît-on que l'on entre dans l'adolescence ?

Outre les premiers signes de puberté – apparition des seins et règles chez les filles, poils puis mue de la voix chez les garçons –, l'adolescence se signale aussi par toutes les questions que l'on se pose. Ces questions ne sont pas nouvelles, l'enfant les a déjà posées quand il était petit : Pourquoi je suis une fille ? Pourquoi je suis un garçon ? Pourquoi je vis ?. Mais les transformations que subit le corps à l'adolescence font resurgir ces questions. L'adolescent n'a décidé ni de ces transformations, ni de leur rythme, et a donc **l'étrange impression que son corps lui échappe.** De nombreuses interrogations en découlent : Suis-je moi ? Pourquoi je suis mon corps ? Pourquoi je suis comme ça ? Au fond, pourquoi mes parents m'ont fait ce que je suis ? Il a aussi le sentiment que, si son corps ne semble pas lui appartenir tout à fait, c'est aussi parce qu'il l'a hérité de ses parents. On comprend mieux pourquoi certains ne se privent pas alors d'adopter des idées à l'opposé de celles de leurs parents : ce sont leurs propres idées, ils les ont choisies... contrairement à leur corps !

> Les transformations que subit le corps font resurgir des questions.

Est-ce que chaque adolescent ressent que son corps lui échappe ? N'y a-t-il pas d'adolescence paisible ?

Ne tombons pas dans l'erreur d'affirmer qu'une adolescence paisible et heureuse serait inquiétante ! De nos jours, l'adolescence est plus facile à vivre qu'autrefois. **Hier, l'adolescent subissait davantage de contraintes :** il devait taire ou nier ses émotions, ses préoccupations intimes et ses questions liées aux transformations de son corps. Cela renforçait l'insatisfaction, le manque de confiance en soi et les difficultés relationnelles qui peuvent survenir lors de l'adolescence. Aujourd'hui, on n'empêche pas l'adolescent d'exprimer ce qu'il ressent, de parler de ce qu'il vit. L'adolescence peut donc se dérouler sans problème, même si certains éprouvent plus de difficultés ou d'inquiétude, parce qu'ils ont moins confiance en eux.

Qu'est-ce qui rend une adolescence plus ou moins difficile ?

Tout dépend bien sûr du tempérament de chacun, de la relation affective qu'il a tissée avec son entourage. Car l'adolescence révèle le degré de sécurité intérieure qu'on a acquis durant les deux-trois premières années de la vie. Le petit enfant a pu connaître des angoisses : la peur de la séparation d'avec sa mère, la peur de rester seul ou la peur de l'abandon. Lors de l'adolescence, se sentir débordé par ses émotions ou par son corps qui se transforme sans qu'on puisse intervenir peut faire resurgir ces angoisses passées.

Est-ce grave de vivre une adolescence un peu difficile ou pénible ?

Non, pas forcément ! Beaucoup de créateurs, d'artistes, d'écrivains, d'entrepreneurs, qui aujourd'hui ont fait leurs preuves, n'ont pas vécu une

adolescence paisible. Toute l'énergie qu'ils avaient mise à se chercher, parfois en s'opposant violemment à leurs parents ou à l'école, ils l'ont ensuite mise au service d'un projet personnel. Cette envie terrible de se trouver, de répondre aux questions brûlantes : Qui suis-je ? Pourquoi je suis sur terre ?, ils l'ont utilisée pour monter leur entreprise, réaliser des films, écrire… **Une adolescence difficile ne constitue pas un handicap pour l'avenir !** Elle peut se révéler très riche et devenir un moteur puissant.

Cette envie terrible de se trouver…

Peut-on accélérer son entrée dans l'adolescence ?

Au niveau de l'apparence, on peut le faire croire. Je pense à ces filles de 8-10 ans qui s'habillent presque comme des jeunes femmes. Mais tout cela n'est que le résultat de l'action des adultes ! Bien sûr, les publicitaires se défendent en disant : « On ne fait qu'exprimer les désirs des enfants. » Et il est vrai que **les enfants ont envie d'être grands, tout en ayant la nostalgie de l'enfance.** On le voit dans certaines lettres. Le rôle de l'éducation, c'est aussi d'apprendre à l'enfant à attendre, à contenir certains désirs, pour qu'il n'en devienne pas esclave et apprenne à faire le tri entre l'important et le moins important. Chacun a le temps de faire son adolescence !

On ne peut donc pas aller plus vite que sa petite musique intérieure ?

Il n'y a aucun intérêt à aller trop vite ! Cela ne laisse pas suffisamment le temps de mûrir. Un fruit que l'on a fait mûrir vite n'a pas de goût : on a pu accélérer sa croissance, l'apparition de sa couleur… mais il n'a pas eu le temps de devenir goûteux.

Ceux qui vivent trop tôt leur adolescence se font voler leur enfance : **ils ont l'apparence des ados, mais ce ne sont pas encore des ados,** ils font un peu « comme si ». Il y a un décalage entre l'image qu'ils donnent aux autres, l'image qu'ils se donnent, et leur capacité physique et émotionnelle à vivre des expériences adolescentes. Ils risquent de connaître des déceptions : ils vivront peut-être des événements, des relations qui leur échapperont, dont ils ne sortiront pas plus forts, mais plutôt moins… Ce qui amènera peut-être certains à craindre et à retarder leur entrée dans la vie affective et sexuelle. Une jeune fille de 10 ans, même si elle a un physique d'adolescente, des

Il n'y a aucun intérêt à aller trop vite !

tenues d'adolescente, des copines et des copains de 13-15 ans, n'en est pas moins une jeune fille de 10 ans, sans doute pressée d'être plus grande, mais toujours heureuse de rêver en jouant encore aux Barbies ou aux Bratz !

On redoute l'inconnu, la nouveauté.

À l'inverse, certains semblent ne pas être pressés, ils disent n'avoir pas « envie de grandir » ou expriment leur « peur de grandir ». Pourquoi ?

Cette peur de grandir correspond à une insécurité intérieure, exprime un doute sur soi-même. Non qu'on aime particulièrement l'état d'enfance qu'on va quitter ; mais on redoute l'inconnu, la nouveauté. Comme on n'est pas certain d'être à la hauteur de la situation nouvelle, on n'a pas très envie de renoncer au monde connu et maîtrisé de l'enfance. En réalité, **les deux désirs, celui de devenir grand, et celui de rester petit, cohabitent** toujours chez les adolescents. En cela, la période qu'ils traversent est parfois compliquée, mais toujours passionnante à vivre.

14 ans J'adore
15 ans c'est ...

« Aïe aïe aïe, mon corps ! »

on se dit tout

« Je mesure 1,35 m, et tout le monde me dit que j'ai une petite taille pour mon âge. On me traite de “petit schtroumpf” et de “nain de jardin”. On se moque surtout de moi depuis que ma sœur m'a dépassé : elle a 10 ans et elle est plus grande que moi. En plus, quand je vais à Disneyland par exemple, il faut parfois faire plus de 1,40 m pour certaines attractions. Alors moi, je ne peux pas y aller. J'aimerais vraiment être plus grand. »
Tim, 11 ans

« J'ai plein d'acné sur le visage, je me trouve horrible ! J'aimerais me soigner, aller consulter un dermatologue, mais ma mère ne veut pas. Je lui ai demandé plusieurs fois, mais elle me répond que c'est l'âge, que c'est normal, que ça passera. Comment lui faire comprendre que je n'en peux plus ? Comment la convaincre ? »
Jade, 14 ans

« J'aime un garçon qui s'appelle Steven. Mais il ne veut pas sortir avec moi, car sur mon visage s'est installée la puberté. Steven m'a dit que si je n'avais pas de boutons, il sortirait avec moi. Dites-moi ce que je peux faire, car j'aime Steven. »
Éléna

« J'ai un gros problème qui me complexe. J'ai un grain de beauté que je trouve horrible et je me demande si je dois le faire enlever. Que dois-je faire ? »   Violette, 11 ans

« Je me trouve trop grosse, et ça me gêne horriblement. J'ai honte de me montrer en maillot de bain devant mes copains et mes copines. J'ai aussi envie de plaire aux garçons. Comment faire pour maigrir ? »
Anaïs

« J'ai un problème, je mesure 1,89 m et j'ai 13 ans. Mon père fait 2 m. Personne n'accepte mon corps à l'école. Ai-je un problème ? Je voudrais savoir comment me faire accepter tel que je suis. Quelle taille font les garçons de mon âge ? »
Nicolas

« J'ai un gros problème d'acné. J'ai essayé plein de trucs, mais ça ne marche pas ! Donne-moi des conseils, s'il te plaît. »
Donovan

« Dans trois semaines, je vais avoir des bagues aux dents. J'ai très peur, car tout le monde me dit que ça fait mal. En plus, ce n'est pas très joli ! Est-ce que ça fait vraiment mal ? »
Christina, 12 ans

« Au collège, à chaque fois que je passe devant quelqu'un, j'entends : "Oh ! Regarde la grosse." Je sais qu'il faudrait faire un régime, mais je craque chaque fois. Pourtant, je me sens bien dans ma peau. Mais, en fait, au fond de moi, je suis très mal… »
Alexandra, 12 ans

« J'ai un problème que j'essaie de résoudre depuis au moins quatre ans. Je suis assez enveloppé. Je sais que je ne devrais pas m'apitoyer sur mon sort, car je ne suis pas très gros, mais dans mon entourage, tout le monde est musclé et fait beaucoup de sport. Mon père rigole souvent de ce problème, et j'en ai marre des remarques, et d'avoir des complexes. »
Florian, 13 ans

Côté filles

« Je suis en 3e et je n'ai qu'un tout petit peu de poitrine, je suis petite, je complexe énormément au sujet de la taille de ma poitrine, car toutes les autres filles de 3e, 4e, et même de 5e, en ont dix fois plus que moi !!! Alors je me sens mal dans ma peau… Toute la classe se fout de moi à cause de ça… Ma mère dit que c'est lorsqu'on a ses règles que ça commence à pousser. Bien sûr, tu vas me dire : "Ce n'est pas grave !" Mais pour moi, c'est vraiment trop dur. »
Alice

« Je voudrais en savoir plus sur les règles : qu'est-ce que c'est et comment ça se passe quand on les a. J'ai peur… »
Cléa, 12 ans

« J'ai un énorme complexe, je n'ai presque pas de poitrine et en plus, mes seins sont inégaux. L'un est beaucoup plus gros que l'autre. Tu ne peux pas savoir à quel point je suis mal à l'aise, surtout l'été. Je n'ose le dire à personne. Aurais-tu un remède contre ça ? »
Thérésa

« À 13 ans, je n'ose plus me mettre en maillot. La plage et la piscine sont pour moi un calvaire. Pourquoi ? Eh bien voilà : j'ai des poils qui dépassent de partout, surtout au niveau du slip et sous les bras (où ça colle et ça sent mauvais). C'est la honte ! Ma mère ne veut pas que je me rase, elle dit qu'après, ça poussera comme de la barbe. »
Laura

« J'ai peur de dire à ma mère que je voudrais mettre des soutiens-gorge. L'été arrive, et pour moi, c'est la galère. Aide-moi à parler à ma mère, car je souffre énormément. »
Coralie, 14 ans

« Je me coupe les cheveux très court, j'ai les épaules assez larges… alors, on me prend pour un garçon ! Au début, je le prenais bien, mais maintenant, je suis en 5e, alors ça devient un problème. Mon moral baisse un peu. Quand je vais aux toilettes des filles, on me jette presque dehors. Que faire ? » **Agathe**

Côté garçons

« J'ai un tout petit sexe.
Tout le monde se moque
de moi quand je prends
ma douche. J'en ai parlé
à l'assistante sociale
du collège, elle a rigolé,
alors je suis parti en pleurant.
Et maintenant,
j'ai une réputation dans
tout le collège, les filles
me montrent du doigt et
j'en ai vraiment marre.
Si tu pouvais m'aider
à surmonter cette honte. »
Blaise, 14 ans

« Ma question est de savoir s'il est vrai que je dois me raser. J'ai du duvet au-dessus de la lèvre (à la place de la moustache). Un copain m'a dit qu'il fallait que je l'enlève en me rasant. J'ai demandé à mon père, et il ne se souvient plus. »
Louis, 13 ans et demi

« J'ai un gros problème. Voilà, j'ai une voix de fille. J'ai beau essayer d'avoir une voix grave, je n'y arrive pas, c'est frustrant ! En plus, tout le monde me traite de fillette, j'en ai vraiment marre. »
Romain, 12 ans

« J'ai des pectoraux, mais je ne vois personne comme moi. Ça me pose un problème, car je trouve que ça fait fille. Est-ce normal ? »
Mickaël, 11 ans

« J'ai surpris mon frère qui a 14 ans en train de se toucher le sexe. Il me dit que ça lui fait du bien et qu'un jour, je le ferai peut-être. Je crois qu'il le fait souvent et la nuit, je l'entends parfois. Je n'ose pas lui demander pourquoi il fait ça. Peux-tu m'aider à le comprendre ? »
Cédric, 11 ans

« Depuis quelque temps, ma vie est un enfer. Je transpire beaucoup trop, alors je sens la sueur, et les garçons de ma classe se moquent de moi. Après le sport, j'ai des auréoles sous les bras et je suis gêné. Même les filles ne veulent plus me voir. As-tu une solution ? »
Benoît, 12 ans

« Mes copines disent qu'il faudrait que je me muscle. Mais j'ai entendu dire que lorsqu'on se muscle à la période de l'adolescence, notre croissance est perturbée. Est-ce vrai ? »
Alex, 14 ans

pas facile de changer !

« Allô maman bobo, maman comment tu m'as fait j'suis pas beau », reprennent en chœur les apprentis chanteurs de la Star'Ac. Qui n'a jamais fredonné cette chanson d'Alain Souchon en se regardant dans la glace, pour débusquer, les uns après les autres, ses petits défauts ou ses grosses imperfections physiques ? Difficile de s'accepter tel qu'on est. Bombardé par des images lisses et longilignes de stars souriantes, agité en même temps par les manifestations de la puberté, comment rester zen sans un minimum de force intérieure et une pincée d'humour ?

Un monde sans pitié

● Manque de chance, c'est précisément à cette période que d'un côté on cherche à séduire, à plaire, à être aimé(e), pendant que de l'autre, on s'échange les regards les plus moqueurs, les paroles les plus mordantes. Sale temps pour les propriétaires d'acné, les petit(e)s, les grand(e)s, les maigres, les gros, les porteurs d'appareil dentaire, de lunettes, celles qui n'ont pas de poitrine, ceux qui ont une voix fluette, les trop bruns et les trop clairs de peau… Bref, sale temps pour tous… ou presque !

Chacun son rythme

● Enfin, pour corser l'affaire,

cette perturbation météo a une durée imprévisible et très personnelle : les filles et les garçons ne se transforment ni en même temps ni au même rythme, et, parmi les filles comme parmi les garçons, la puberté se déroule à une cadence variable, commençant plus ou moins tôt, finissant plus ou moins tard. Délicate période, agitée aussi par les pensées sexuelles. Elle peut être l'occasion de la découverte de la masturbation, chez les filles comme chez les garçons, qui se rendent compte qu'ils peuvent se donner du plaisir en se caressant le sexe.

Les filles et les garçons ne se transforment ni en même temps ni au même rythme, et, parmi les filles comme parmi les garçons, la puberté se déroule à une cadence variable.

Se masturber n'est ni anormal ni obligatoire, c'est quelque chose d'intime qui peut permettre de mieux connaître son corps et de se rassurer sur son fonctionnement. Tant que toutes vos hormones n'auront pas accompli leur cirque, la question : « Suis-je normal(e) ? » restera tapie en vous. En attendant, ces quelques points de repère devraient vous rassurer… un peu !

Ce qui se passe pour tous

- La puberté commence entre 10 et 17 ans, et dure environ cinq années. L'hypophyse, une glande située à la base du cerveau, déclenche toutes les transformations du corps à cette période. Sous l'influence d'une autre partie du cerveau, l'hypothalamus, elle sécrète des hormones qui stimulent le développement des ovaires des filles et celui des spermatozoïdes dans les testicules des garçons. À leur tour, les ovaires et les testicules produisent des hormones, qui provoqueront d'autres changements visibles : la naissance de la poitrine chez les filles, la poussée de la barbe chez les garçons.
- Au début, filles et garçons accumulent les centimètres : entre 6 et 11 cm en moyenne par an pour elles, entre 7 et 12 cm pour eux. Les filles entamant leur croissance plus tôt que leurs copains, elles sont généralement plus grandes qu'eux jusque vers 14 ans. Ensuite, les garçons continuent à pousser, alors qu'elles ont presque terminé leur croissance.

● Autre point commun lié à la puberté : l'acné. Presque inexistante chez certains, violente chez d'autres, elle concerne environ 80 % des adolescents. Elle est due à une sécrétion excessive de sébum, une substance indispensable pour protéger la peau contre les agressions extérieures. Mais quand il est produit en trop grande quantité, les pores de la peau se bouchent, le sébum reste sous la peau, ce qui fait naître un bouton.

Du côté des filles

● C'est la poussée des seins qui indique visiblement le début de la puberté. Elle n'est pas toujours symétrique : durant les premiers mois, l'un peut être plus formé que l'autre ; cela n'a rien d'inquiétant. Cette différence aura disparu quand la poitrine atteindra sa taille adulte, environ quatre ans après le début de son développement.

● Les poils, eux, apparaissent généralement un à deux ans après le début de la puberté, d'abord sur le pubis, ensuite au niveau des aisselles.

• Quant aux règles, qui surviennent souvent peu après, elles correspondent à un stade déjà avancé de la puberté.

La poussée des seins n'est pas toujours symétrique.

• Autres changements, plus discrets, dus à la puberté : l'odeur du corps se modifie, le bassin s'élargit. Enfin, des transformations se produisent au niveau des organes génitaux internes comme l'utérus et le vagin, qui prennent du volume et arrivent à leur taille adulte. Les ovaires mûrissent afin de produire un ovule à chaque cycle.
Les organes génitaux externes, ou vulve, se développent aussi : les grandes lèvres qui les protègent s'épaississent, et le clitoris, partie la plus sensible du corps féminin, grossit également.

Du côté des garçons

• C'est l'augmentation du volume des testicules qui annonce la puberté chez les garçons. Ensuite, le pénis s'allonge, les poils apparaissent au niveau des organes génitaux, puis des aisselles, puis sur le visage, où ils deviennent plus épais, plus durs. La dernière étape de la puberté est la mue : la voix devient plus grave, car le larynx a grossi, faisant ressortir la pomme d'Adam.

Les os s'étirent, la silhouette s'allonge, les épaules s'élargissent, les muscles se développent.

• Durant toute la puberté, le taux d'hormone mâle, la testostérone, augmente dans l'organisme, déclenchant des érections, notamment la nuit. Elles s'étaient toujours produites – même les fœtus en ont –, mais à la fin de la puberté, elles sont plus fréquentes et semblent incontrôlables au début.
La sécrétion de testostérone augmentant, les organes génitaux se mettent à fabriquer du sperme, ce qui conduit à la première éjaculation.

Le pénis s'allonge, les poils apparaissent sur le visage.

• Ces profonds bouleversements accompagnent des changements physiques évidents : les os s'étirent, la silhouette s'allonge, les épaules s'élargissent, les muscles se développent. Au début de la puberté, les muscles représentent 25 % du poids total du corps. À la fin, ils en représentent 40 %.

pour aller plus loin

La puberté est le grand événement de l'adolescence. Comment la définiriez-vous ?

À la puberté, les glandes sexuelles arrivent à maturité : **le corps prend sa forme presque définitive, et l'adolescent devient capable d'avoir des enfants.** Tous les êtres vivants sexués connaissent le changement pubertaire, mais chez les humains, il survient très tard, entre 10 et 17 ans. Chez nos cousins les plus proches, les singes, les transformations pubertaires se produisent vers 4-5 ans. Ce décalage entre les humains et ces animaux semble s'être accentué au cours de l'évolution. Le développement moins rapide des glandes a eu pour conséquence que le cerveau dispose de plus de temps pour arriver à maturité. C'est certainement ce « retard » de puberté qui a permis à l'homme de développer son intelligence.

La puberté commence-t-elle plus tôt aujourd'hui qu'autrefois ?

Oui. L'évolution est spectaculaire, surtout chez les filles : à la fin du 19e siècle, l'âge moyen des premières règles était de 15 ans. Aujourd'hui, il est de 12 ans. Les transformations du corps semblent être plus franches et plus rapides, sans doute grâce à l'amélioration de la nourriture et à une stimulation affective et intellectuelle plus forte qu'autrefois.

Pour les filles, les deux temps importants de la puberté sont l'arrivée des règles et la poussée des seins. Et pour les garçons ?

Pour les filles, ces deux transformations sont les symboles de la féminité : **elles quittent l'enfance pour devenir des femmes**. Pour les garçons, les premières éjaculations et la mue en sont l'équivalent. Sans oublier leur brusque changement de taille, vers 13, 14 ou 15 ans. En six mois, certains poussent de 20 cm : ils ne peuvent plus se faire câliner par leur mère de la même façon ! **Ils doivent dire adieu au petit garçon qu'ils étaient.** Ils en sont à la fois fiers et fragilisés, car ils ont la sensation que leur corps leur a échappé. Ils ne voudraient pas, en plus, perdre le contrôle de leurs émotions, de leurs sentiments. C'est pourquoi certains ont tendance à se renfermer un peu pour rester maîtres d'eux-mêmes.

Filles et garçons ne sont pas ébranlés par la secousse de la puberté de la même façon.

La puberté secoue-t-elle pareillement les filles et les garçons ?

La puberté est un changement qui bouleverse l'image que l'on a de soi. L'adolescent, fille ou garçon, peut ressentir cela comme une perte de contrôle : il se sent passif, alors qu'il est à un âge où il supporte particulièrement mal cette sensation. Mais filles et garçons ne sont pas ébranlés par cette secousse de la même façon, car ils sont profondément différents, dans leur corps comme dans leur tête. Pour des raisons génétiques, hormonales, physiques, mais aussi culturelles, un garçon possède plus d'agressivité qu'une fille, en moyenne. Dans notre société, même si on ne dit plus aux garçons : « Ne pleure pas comme une fille » ou : « Bats-toi comme un homme », on attend d'eux qu'ils soient plus résistants, voire plus remuants que les filles. Cette différence s'imprime dans la tête des garçons, les rendant moins disposés que les filles à accepter les transformations de leur corps.

Les filles accepteraient-elles mieux ce bouleversement ?

Elles sont à la fois touchées par un changement plus spectaculaire que celui des garçons et davantage prêtes à l'accepter. Biologiquement et culturellement, les filles sont plus réceptives : elles savent depuis leur petite enfance qu'un jour elles porteront peut-être un bébé dans leur ventre. Ainsi, elles acceptent en général mieux leur puberté et son grand événement : l'arrivée des règles. Car la contrepartie des règles, c'est la possibilité de mettre au monde un bébé, caractéristique de la féminité.

Cependant, 10 à 15 % des adolescentes sont sujettes à la déprime ou souffrent de maux de ventre, de tête ou de dos. Elles expriment ainsi avec leur corps les questions intimes que soulève la puberté : Pourquoi mon corps devient ainsi ? Quelle femme vais-je devenir ?

Les garçons, eux, extériorisent parfois leurs préoccupations dans des jeux virils, des bagarres, ou un refus d'apprendre. Ce n'est pas leur corps qui parle pour eux, mais leur comportement.

Être insatisfait de son physique à l'adolescence, c'est normal ?

Cela n'a rien d'inquiétant, mais ce n'est ni obligatoire ni inévitable ! Il est vrai que les transformations dues à la puberté et leurs conséquences sur l'image de soi expliquent les problèmes qu'ont certains avec leur corps : nez trop long, bouche trop grande, hanches trop larges, boutons d'acné, etc. **On supporte d'autant moins son « nouveau » corps – ou une partie de son corps – que l'on ne l'a pas choisi.**

Mais cette insatisfaction n'est pas générale. Je crois que la majorité des adolescents aujourd'hui sont plutôt contents de leur physique. Cela est dû à plusieurs facteurs : les dermatologues proposent des traitements contre l'acné plus efficaces qu'autrefois, et aujourd'hui, un ado peut suivre la mode et choisir son allure beaucoup plus facilement que ne le faisaient ses parents ou ses grands-parents. Ensuite, nombreux sont ceux qui font du sport, de la danse ou du théâtre. Grâce à cela, **ils ne ressentent pas leur corps comme un boulet, mais comme un atout** : il devient capable de nouvelles compétences, comme l'adresse, la vitesse, la souplesse, la grâce.

Ils ont donc toutes les raisons d'avoir plutôt une bonne image d'eux !

Oui, mais malheur à ceux qui sont plus petits, à celles qui sont « trop grosses » ou différentes de la majorité ! C'est vrai, les adolescents sont particulièrement féroces entre eux ! Ceux qui possèdent un physique un peu différent des autres – qu'il s'agisse de la taille, du poids, des boutons d'acné ou des oreilles décollées – en entendent de toutes les couleurs : « grande perche », « grosse vache », « calculette », « Dumbo », etc. En réalité, plus on est complexé par un détail de son apparence, plus on repère vite chez les autres leurs petites différences ! C'est une façon toute bête de **se rassurer en se moquant de quelqu'un apparemment plus en difficulté que soi.**

C'est vrai, les adolescents sont particulièrement féroces entre eux !

Peut-on aider ou réconforter les ados qui ont un souci avec leur apparence ?

Tous les ados ne souffrent pas forcément de la même façon de leurs petites anomalies physiques ! Certains n'en souffrent même pas du tout. Alors, si leurs parents s'en font une plus grosse montagne qu'eux, ça ne les aide pas ! Les recommandations, les moqueries, les reproches incessants du type : « Mange moins, tu seras moins grosse » n'arrangent rien non plus ! Et faire comme si de rien n'était ne peut pas être une solution, au contraire. Car l'adolescent se sent abandonné... Bref, les parents marchent sur des œufs ! Pourtant, en choisissant un moment tranquille, ils peuvent en parler avec lui, et surtout l'écouter. Ils peuvent l'aider à **relativiser son problème en valorisant ses points forts,** en soulignant ses qualités, en lui rappelant qu'ils lui font confiance et qu'ils croient en lui. Éventuellement, s'ils sentent que leur ado est très perturbé par ce souci, ils pourront lui proposer d'en parler avec d'autres : des amis, un psychologue... Il ne faut pas oublier qu'avoir des parents solides, ça aide à se construire et à se rassurer.

« Laissez-moi respirer ! »

on se dit tout

« Mon rêve le plus cher, c'est d'avoir une chambre pour moi toute seule, car je dors avec mes frères. Il y a un an, j'en avais parlé à mes parents : "niet", manque d'argent, pas si simple, etc. Mais il y a deux mois, ma grand-mère m'en a reparlé alors que nous étions seules et m'a proposé de prêter de l'argent à mes parents pour aménager les combles. J'étais heureuse, mais je me suis rendu compte que mes parents détestaient emprunter de l'argent aux autres. Alors, je fais des projets, mais je deviens morose. Comment persuader mes parents ? Combien coûte d'aménager des combles ? Et si on le fait soi-même ? Bref, j'espère que tu me répondras vite, car ma vie devient un enfer. »
Nadine

« C'est bien de sortir sans les parents. On se sent plus libre, parce qu'ils ne sont pas là pour nous surveiller et pour nous faire la morale. Ma mère est un peu stricte : elle ne me laisse pas sortir souvent seul. Elle me dit qu'elle a peur. Pourtant, il n'y a pas de raisons. J'aimerais savoir pourquoi elle ne me fait pas plus confiance. »
Nathan, 11 ans

« Je ne suis pas très liée à ma mère pour des sujets qui sont très importants pour moi : l'adolescence, les règles… Je n'ose même pas lui demander de m'acheter un soutien-gorge (pourtant, j'en ai besoin). Comment aborder ces sujets avec elle ? J'en ai aussi marre qu'elle n'accepte pas que je m'enferme à clé dans la salle de bains, qu'elle ne frappe pas à la porte avant d'entrer dans ma chambre (si je suis en train de me déshabiller, ça me met mal à l'aise). Comment lui demander de respecter ma pudeur ? »
Maya, 12 ans

« J'ai un problème. Je voudrais un scooter. Mes parents disent que ce n'est pas un problème d'argent, mais que je n'en aurai pas l'utilité. En plus, j'habite un coin paumé où il y a très peu de jeunes. Je pourrais l'utiliser pour aller voir mes copains, faire mes activités, mais non, ils ne veulent pas. Pourtant, je suis prudent sur la route ! »
Greg, 14 ans

« Depuis que j'ai 8 ans, je partage ma chambre avec mon petit frère qui a aujourd'hui 7 ans. Il fait plein de bazar, et c'est moi qu'on engueule après. Il fait du bruit quand je fais mes devoirs, mais mes parents ne disent rien, car j'ai de bonnes notes. Je n'ai aucune intimité, je ne peux pas lire le soir. Quand j'en parle à mes parents, ils me disent qu'il n'y a pas d'autre solution. Mais moi, j'en souffre beaucoup. »
Zoé, 13 ans et demi

« J'ai retrouvé une lettre d'amour de ma petite amie dans la chambre de mes parents. Ma mère a fouillé dans mes affaires. Je suis furieux, et je ne comprends pas pourquoi elle a fait ça, c'est ma vie privée, non ? Je me sens trahi… »
Julien, 12 ans

« Il n'y a qu'un mot qui compte pour mon père, “travail”. Il n'arrête pas de penser à ça. Vous allez me dire “c'est normal”, mais là, non ! Quand je rentre de l'école, de chez une copine ou autre, il me dit : “Tu as ton boulot à faire.” Et je vous promets que chaque soir, dès qu'il rentre, je stresse. Un 14 sur 20 le fait devenir fou de rage, et les soirées se terminent chaque fois en pleurs ! Je n'en peux plus !!! Essayez de trouver de bons arguments pour le convaincre que, même si j'ai 14, je pourrai remonter ma moyenne, et qu'il devienne un peu plus cool ! »
Anna, 13 ans

« Lorsque je ne suis pas d'accord avec mes parents, je veux toujours dire mon opinion, je refuse de me taire, ce qui les énerve. Chaque fois, ils me disent : “Ah, quel âge difficile !” et parfois ils me traitent de rebelle. C'est vrai que maintenant, je veux faire entendre mes idées, j'ai plus de caractère et je trouve normal de me défendre. Pourquoi ne se souviennent-ils pas qu'ils étaient certainement comme moi à mon âge ? »
Charlotte, 14 ans

on se dit tout

« J'ai 11 ans et demi. Mon frère a 15 ans et ma sœur 17 ans. Je suis donc le plus jeune. Comme tous les gars de mon âge, je ne veux plus être considéré comme un bébé. Ma mère, elle aimerait que je sois toujours son petit bonhomme. Elle m'appelle "Ronounou". Je lui ai demandé d'arrêter, mais elle continue. Un jour, elle m'a appelé comme ça devant mes copains, j'ai eu la honte. J'aimerais que ça s'arrête. Que faire ? »
Ronald

« Ma mère me supprime mon argent de poche à chaque fois que j'ai une note en dessous de la moyenne. Je lui en ai déjà parlé, mais elle s'en fiche. Comment la faire changer d'avis ? »
Olivier, 12 ans

« Je ne peux pas avoir mon jardin secret ! Mon frère a un an de plus que moi et on est très proches. À l'école, on a les mêmes amis. Du coup, il sait quand je sors avec un garçon. À la maison, il lit mon courrier et fouille dans ma chambre. À table, il ressort des phrases qu'il a lues dans mon carnet secret. Moi, ça me gêne. En plus, ma mère n'aime pas que je sorte avec des garçons. J'en ai marre, je n'ai pas d'intimité ! »
Lise

« Ma mère a-t-elle l'intention de me gâcher la vie et surtout mon adolescence ? Elle n'est même pas capable d'assumer sa responsabilité de mère. Pour elle, la relation mère-fille ne sera jamais normale. Le moindre de mes comportements la terrorise, et moi je souffre de tout. Pas une discussion n'est possible, ni sur les petits ennuis ni sur les gros soucis. On m'a offert du vernis à ongles, je n'ai pas le droit de le mettre pour l'école ! Elle m'a acheté un mascara, pas le droit non plus ! Vous, parents, arrêtez de nous faire du mal. Il y a plein de jeunes qui se meurent en silence, comme moi ! Et un jour, ça va craquer ! » Marie, 15 ans

« Mes parents sont vieux jeu !
Ils ne veulent pas
que je me perce l'oreille,
que je me fringue
comme je veux. Mais le pire,
c'est que je n'ai pas
le droit d'aller dans une boum
parce qu'ils n'aiment pas
les danses à la mode
et qu'ils ont peur que je boive.
En plus, ils ne veulent pas
que j'aie de petite amie.
J'en ai marre,
j'aimerais vraiment sortir
et avoir une petite copine. »
Hugo

« J'ai un énorme problème depuis des années : souvent, avec ma mère, on se dispute et, cinq minutes après, on se réconcilie. Mais voilà, j'ai beaucoup de mal à demander pardon. Quand je le fais, il y a comme une petite voix en moi qui me dit : "Tu vas le faire, parce que ta mère t'est encore utile !" Quand j'entends cette voix, ça me fait de la peine parce que je crois que je suis méchante. Comment savoir si j'aime vraiment ma mère ou si je l'aime parce qu'elle m'est "utile" ? Aide-moi ! »
Astrid, 14 ans

« Ma mère ne me fait pas confiance. Des fois, elle va un peu trop loin. Par exemple, elle ne veut pas me laisser aller jouer chez une amie, car elle a peur que son papa me fasse quelque chose, alors qu'elle ne le connaît même pas ! Des fois, quand je vois les mamans de mes copines, j'ai envie de pleurer, car elles ont l'air super sympa et compréhensives. La seule chose que ma mère veut, c'est que j'aie de bonnes notes. En plus, elle croit que je vis pour mes copines, alors que c'est pas vrai, mais c'est à l'école que je me sens chez moi, entourée de personnes qui m'aiment beaucoup. Comment faire pour que ma mère ait confiance en moi ? J'ai l'impression qu'elle va être derrière moi pour toute la vie. »
Ingrid

la bonne distance

« Laissez-moi respirer ! » Voilà ce que vous avez envie de crier à vos parents, pour qui votre adolescence est aussi un grand bouleversement.

Défense d'entrer

● Interdits, les petits noms mignons dont ils vous couvraient ! Fermée, la porte de votre chambre quand vous souhaitez y être tranquille, vous y retrouver avec vous-même ! Cadenassé, votre journal intime ! Caché, votre courrier secret ! Perso, vos coups de fil interminables !

● Et vous avez raison : vous avez droit à votre intimité, à votre jardin secret. Votre corps qui se transforme vous appartient. Vos secrets doivent rester des secrets. Sinon, comment vous fabriquer votre monde à vous, distinct de celui de vos parents ?

« Le collège, c'est ma vie »

● Il y a un autre endroit qui échappe à vos parents : le collège, VOTRE collège ! Pour vous, l'école est synonyme de copains, copines, de nouveau look, bref, c'est la vie au jour le jour. Pour eux, c'est plutôt le travail, les résultats scolaires, et… votre avenir qui se prépare. Voilà pourquoi ils redoublent d'inquiétude et d'exigences : ils voudraient que vous mettiez les bouchées doubles pour que vous puissiez vous passer d'eux, plus tard. En attendant, ils doivent trouver de nouveaux repères : finie, l'époque de la primaire où ils maîtrisaient votre emploi du temps, et connaissaient tous vos copains !

Vous avez droit à votre intimité, à votre jardin secret.

Trouver un nouveau dialogue

● Vos parents ont été vos premiers confidents, vos plus tendres consolateurs, vos plus fidèles défenseurs, et les voilà priés de rester à la porte de votre chambre, de vos soucis, de vos joies ! Pas étonnant qu'ici ou là, parfois, entre vous, le tonnerre gronde ! Mais le pire serait que le silence s'installe : que vous n'ayez plus envie de communiquer avec eux et qu'ils renoncent à vous connaître. À eux la tâche subtile d'entendre vos nouvelles demandes de liberté, sans renoncer à leur responsabilité de parents. À vous, passé les moments de tensions, de prendre l'initiative de discuter avec eux. Les permissions de sortie (où ? avec qui ? jusqu'à quelle heure ?) ou bien les débats sur l'argent de poche (vraiment nécessaire ? toujours insuffisant ?) vous en fourniront sûrement de bonnes occasions. Surtout si vous ne cassez pas toute tentative de dialogue en les traitant de « vieux jeu » ou de « ringards ». Ça ne ferait que figer la situation.

> *Ne cassez pas toute tentative de dialogue en les traitant de « vieux jeu ».*

Les parents, ça s'éduque aussi…

● Et si vos parents espéraient simplement mieux savoir ce que vous ressentez ? Si vous leur dites que vous avez besoin d'intimité, non seulement ils devraient la respecter, mais aussi vous aider à mettre des obstacles à la curiosité d'un frère ou d'une sœur un peu fouineurs. Côté collège, pour atténuer leurs inquiétudes, montrez-leur que vous avez fini vos devoirs avant de vous installer devant la télé. Parlez-leur davantage de vos projets pour qu'ils voient que vous aussi, vous êtes intéressé(e) par votre avenir. À vous d'éduquer vos parents… en leur prouvant qu'ils peuvent vous faire confiance !

pour aller plus loin

cache plus les violences ou les abus sexuels dont ils peuvent être victimes. Ils peuvent aussi être influencés et entraînés à fumer précocement, à prendre de la drogue, ou à adopter des comportements qui les mettent en danger : rejet des études, opposition systématique aux adultes, choix de copains rebelles... Cela conforte les parents dans l'idée qu'ils doivent leur **poser des limites pour les protéger,** au lieu de leur laisser plus de liberté.

Le nœud des tensions entre parents et ados se situe là : plus un adolescent a besoin de la protection de ses parents, moins il la supporte, et plus ses parents interviennent, moins il tolère leurs avis et leurs conseils.

Les adolescents se plaignent souvent que leurs parents ne les voient pas grandir : est-ce vrai ?

Non, c'est plutôt le contraire : **c'est justement parce que les parents voient leurs enfants entrer dans l'adolescence qu'ils s'inquiètent** davantage pour eux. Loin de les prendre pour d'éternels bébés, ils essaient de leur faire entendre le message suivant : « Tu n'es plus un enfant, d'accord, mais on ne devient pas adulte d'un seul coup. On est même parfois encore plus fragile, plus susceptible d'être manipulé à l'adolescence, alors n'essaie pas de grandir trop vite, protège-toi et sois prudent. »

Un ado a-t-il encore tant besoin d'être protégé ?

Bien sûr, et je suis persuadé qu'au fond d'eux-mêmes, les adolescents le savent. Aujourd'hui, la société ne

Comment expliquer ce paradoxe : plus on a besoin de ses parents, moins on accepte leur protection ?

Un adolescent qui manque de confiance en ses capacités a tellement peur d'être encore un bébé qu'il lui est impossible de ressentir les conseils et les avis des adultes comme de l'aide. Il les ressent comme un envahissement : « Ils me prennent la tête », disent certains ados. Alors, **pour ne pas se sentir envahi par les conseils de ses parents, l'adolescent s'oppose à eux !** Mais il ne se rend pas compte qu'en agissant ainsi, il renforce ses parents dans l'idée qu'il manque encore d'autonomie, qu'il a besoin de limites… **C'est un cercle vicieux !**

Peut-on briser ce cercle infernal ?

Quand on veut faire de l'escalade, on a tout intérêt à prendre le matériel nécessaire : on a ainsi beaucoup plus de chances d'arriver au sommet que si l'on part sans rien. Pour grimper à mains nues, il faut posséder assez de technique et d'expérience pour pouvoir se passer d'une partie du matériel. Pour grandir, c'est pareil : il faut se nourrir d'aliments, mais aussi de conseils et de connaissances transmis par les adultes. Il n'y a pas de honte à demander des conseils ou du soutien, au contraire, cela peut aider à prendre confiance en soi.

Grandir, c'est acquérir suffisamment d'outils pour être soi, avec ses différences et son originalité, sans s'opposer systématiquement aux adultes.

Est-ce la crainte d'être « envahis » par leurs parents qui amène les ados à revendiquer un espace à eux, leur jardin secret ?

S'il est important que les adolescents comprennent qu'ils ont besoin d'outils pour grandir, les parents doivent aussi comprendre que **leur enfant a besoin d'un espace à lui.** Il en a besoin pour protéger son intimité, parce que son corps change et se sexualise. Par ailleurs, pour montrer qu'il est capable de se débrouiller seul, il doit aussi pouvoir se trouver de temps en temps hors de leurs regards. En cherchant le bon équilibre entre leur souci de protection et le besoin d'espace perso de leur ado, les parents montreront qu'ils lui font confiance. C'est essentiel. Pour construire sa personnalité, l'adolescent doit à la fois sentir qu'il est différent de ses parents et qu'**il est reconnu et aimé pour ses différences.**

> **Plus un adolescent a besoin de la protection de ses parents, moins il la supporte.**

Quelles raisons poussent certains parents à fouiller la chambre ou lire le courrier de leur enfant ?

Les parents veulent certainement remplir leur rôle protecteur, sans mauvaise intention. C'est vrai qu'ils doivent protéger leur enfant jusqu'à sa majorité au moins, mais il faut aussi qu'ils marquent très tôt le respect qu'ils ont pour sa personne. Même si leur ado partage sa chambre avec un frère ou un sœur, les parents devraient s'arranger pour qu'il ait des moments de solitude, pour qu'il se retrouve en tête à tête avec ses pensées secrètes, avec son intimité physique. **Plus l'adulte respectera ces moments ou ces espaces d'intimité** (la salle de bains, la chambre, le courrier, le journal intime), **plus l'adolescent acceptera des conseils et des avis.** Au contraire, si l'on entre sans frapper dans sa chambre, si l'on fouille dans ses affaires, l'adolescent aura la sensation de n'être qu'un prolongement de ses parents, pas une personne à part entière.

Demander des conseils ou du soutien, cela peut aider à prendre confiance en soi.

Les adolescents ont tendance à moins confier à leurs parents leurs préoccupations que lorsqu'ils étaient petits. Les parents doivent-ils essayer de les faire parler ?

Les parents ne devraient absolument pas se sentir vexés ou moins aimés parce que leur ado ne leur fait pas de confidences. En général, leur fils ou leur fille se comporte ainsi parce qu'il est

trop sensible : il a besoin de se protéger, en revêtant une espèce de carapace de pudeur ou de silence. Pour les parents, il est souvent bénéfique d'aborder un sujet de manière indirecte, à partir des infos à la télé ou à la radio, ou en parlant d'un camarade ou d'un voisin. Cela peut donner l'occasion à l'adolescent de se positionner, et de se confier, s'il le souhaite. Bien sûr, s'il sent qu'on veut lui tirer les vers du nez, le dialogue risque de tourner court. Un échange familial incluant les frères et sœurs, ou adoptant le mode humoristique peut aussi aider à débloquer une situation.

« De toute façon, mes parents ne peuvent pas me comprendre » répètent de nombreux adolescents. Ont-ils raison ?

Le problème de l'adolescence, ce n'est pas tant de ne pas être compris par ses parents que de ne pas se comprendre soi-même ! C'est vrai qu'il est pénible et insécurisant de ne plus savoir où on en est, d'avoir des envies très contradictoires : envie de rester le petit enfant qu'on était et, en même temps, d'être beaucoup plus indépendant ; envie d'aimer ses parents, mais en avoir un peu marre d'eux ; envie de réussir, mais pas de travailler ; envie d'avoir une relation forte avec un ou une amie, mais aussi d'avoir plein de relations... **Toutes ces envies contradictoires sont normales, et avec le temps, cela s'arrangera.** Mais, en attendant, on n'est jamais satisfait puisque, dès que l'on se sent bien d'un côté, l'autre ne va pas ! Cela explique le désarroi ou les coups de déprime... Dans ces moments-là, quoi que fasse le parent, ça ne passe pas : s'il essaie de parler, l'ado lui dit : « Laisse-moi tranquille, j'ai droit à mon intimité » ; s'il n'engage pas la conversation, l'ado en déduit : « De toute façon, je ne l'intéresse pas. »

Parfois, les ados se protègent en revêtant une carapace de silence.

Les ados reprochent souvent à leurs parents de « faire la morale ». Les parents en font-ils vraiment trop ?

Quand les parents sont trop anxieux, c'est ce que ressentent les ados ! Un ado a besoin qu'on lui laisse **le temps d'exprimer ses réflexions, ses interrogations, ses contradictions,** pour y voir plus clair. Ce n'est pas parce qu'une jeune fille dit à ses parents : « C'est normal que les filles embrassent les garçons à 13 ans » ou : « Parfois, je me demande à quoi ça sert, le collège » qu'elle veut embrasser son amoureux et arrêter les études. Or, si à chaque fois qu'elle parle, ses parents lui disent : « Attention, c'est pas comme ça ; attention, c'est comme ci », cela va couper le dialogue ! Les adolescents ont le droit d'exprimer des idées négatives sans être immédiatement jugés. Les parents auront d'autres occasions pour montrer ce qu'ils pensent, rappeler les règles ou les limites. Prendre le temps d'écouter et dire ce que l'on pense, cela n'est pas contradictoire.

Le problème de l'adolescence, c'est de ne pas se comprendre soi-même !

« La famille, quelle galère ! »

on se dit tout

« Je t'écris car j'en ai marre ! Ma sœur, qui a un an et demi de moins que moi, est ma copie double. Dès que j'aime une musique, elle l'adore ! Un jour, je parle à ma mère d'une salopette en jean que je voudrais avoir, et deux jours plus tard, je surprends ma sœur qui dit qu'elle rêve – comme par hasard – d'une salopette ! Je veux des Kickers, elle aussi ! Sauf qu'elle les veut bleu et rouge, et moi toutes bleues. Que faire ? Je ne suis plus unique, j'ai une copie double ! »
Sophia

« Mes parents sont très pris. Ils passent leurs journées au travail, me laissant avec ma petite sœur. Je dois m'occuper tout seul de l'entretien de la maison et préparer le repas du soir. Entre le ménage, ma petite sœur et le reste, je n'ai aucun moment à moi. Ça fait deux ans que ça dure, et j'en ai ras-le-bol. Peux-tu me dire comment faire pour que cela cesse ? »
Vincent

« Mes parents se disputent, et j'ai l'impression que c'est moi qui déclenche les conflits. Peux-tu me dire quoi faire, car si ça continue comme ça, je vais devenir dingue. »
Yann, 10 ans

« J'ai un gros problème : mon père et ma mère sont séparés depuis huit ans (j'en ai 12). Tout s'est bien passé jusqu'à présent, ils étaient capables de rester bons amis et de se voir sans crier. Mais suite à une dispute (il s'agissait de savoir avec qui je passerais mon après-midi), mon père m'écrit qu'il ne veut même plus me téléphoner parce qu'il est en colère. J'ai l'impression qu'ils me prennent pour leur arbitre, et je n'en ai pas envie. J'aimerais savoir quoi leur dire. »
Anonyme

« Mes grands-parents, je les adore !
Ils sont vachement sympa !
Par contre, ils parlent trop souvent d'autrefois : "On devait aller se laver à l'autre bout du jardin", "On n'avait pas la télé", etc.
Mais ce qui est délire, c'est qu'ils me disent plein de choses sur l'enfance de mes parents...
Trop marrant parfois ! »
Lucas, 13 ans

« J'en ai marre de voir mes grands-parents, car ils me prennent pour une gamine, et cela me tape sur les nerfs. Mais je n'ose pas en parler avec mes parents, car j'ai déjà essayé et ils m'ont dit que mes grands-parents n'étaient pas éternels et qu'il fallait que j'en profite. »
Héloïse, 11 ans et demi

« Ma sœur est la plus petite de la famille, donc la préférée. Elle est très gâtée, elle me crie dessus, même quand je ne fais rien et après je me fais gronder ! Tu vas me dire que mes parents m'aiment autant que ma sœur, mais ce n'est pas le cas ! Réponds-moi par pitié. »
Théo

« J'ai pas mal de potes avec qui je parle de tas de choses, parfois assez personnelles. Le problème, c'est que j'ai un petit frère de 6 ans qui est collant. J'essaie de lui expliquer de ne plus m'appeler "frérot" et de me lâcher les baskets, mais il ne comprend pas. Que faire ? »
Édouard, 10 ans

« Depuis trois ans, mes parents sont divorcés, et mon père s'est remarié avec une espèce de sorcière. Elle m'engueule tout le temps et me punit. Mon père ne sait pas qu'on ne peut pas se voir et veut que je continue à vivre avec lui. Mais je veux vivre avec ma mère ! »
Blandine

« J'aimerais savoir comment mes parents ont vécu leur adolescence. Je pense que ça m'aiderait à mieux comprendre leurs réactions. »
Mathis, 13 ans

« J'ai une petite sœur, et quand on fait des bêtises, mes parents s'en prennent toujours à moi, alors que parfois, c'est de sa faute. Je ne suis pas d'accord, mais ils disent que c'est moi le grand et c'est à moi de faire attention. Je ne vois pas pourquoi je serais toujours responsable de ce qu'elle fait. »
Christopher

« J'aimerais savoir comment persuader mon frère de rester avec moi plus souvent. Il a une petite amie, et ils n'ont pas une minute à m'accorder. Je commence à croire qu'il ne m'aime plus. Je voudrais que vous me donniez des conseils. Mon frère a 19 ans. »
Naomie, 12 ans

un refuge indispensable

Enquête après enquête, sondage après sondage, la famille brille comme un soleil à l'horizon de vos valeurs. La famille, cocon protecteur, quand le monde extérieur manque de douceur ! Car, entre le collège qui distille son stress, la télé qui apporte sa dose quotidienne de drames, l'avenir qui paraît trop pollué, où trouver un peu de réconfort ? Parmi les siens, dans une famille qui rassure et assure. Même si, parfois, vous trouvez la vôtre vraiment trop éloignée de la famille idéale !

Une place dans une histoire

● Quand on dit « famille », on pense d'abord « mon père, ma mère, mes frères, mes sœurs et moi ». Mais il ne faut pas oublier vos grands-parents, vos oncles et tantes, vos cousins, vos neveux ou nièces !

Savoir d'où l'on vient, c'est important pour choisir où l'on va.

La famille, c'est une histoire qui a commencé bien avant vous. Pensez, par exemple, que vos grands-parents ont été témoins de l'adolescence de votre père ou de votre mère ! Étaient-ils aussi sérieux en classe qu'ils l'exigent de vous ? Avaient-ils des passions ? Vos grands-parents pourront peut-être vous renseigner, et vous aider à construire avec vos parents une nouvelle relation en vous faisant porter sur eux un autre regard. Mine de rien, savoir d'où l'on vient, c'est important pour choisir où l'on va.

Les frères et sœurs : ennemis ou complices ?

● Incroyable, cette facilité qu'ils ont à vous « soûler grave », les frères et sœurs ! Avec eux, pas question de fuir la réalité et d'espérer un peu de solitude : une chambre ou une maison, ça se partage ; des parents aussi. À cause d'eux, vous avez appris à rendre service à tour de rôle, à ne pas avoir toujours le dernier mot, à endosser parfois les bêtises commises par le « petit », ou à supporter d'être abandonné lâchement par le plus grand, qui commence à vivre sa vie… Parfois aussi, ça ne passe pas du tout : frères et sœurs ne semblent vous apporter qu'embrouilles, coups et injustices. Peut-être vos parents ne s'en rendent-ils pas compte ? Jouez cartes sur table avec eux et, ensemble, inventez un nouveau mode de vie en famille.

Séparation et recomposition : des épreuves à surmonter

● Aujourd'hui, un enfant sur quatre vit avec un seul de ses parents ou dans une famille recomposée. Statistiquement, cela devient presque banal. Pourtant, quand cela arrive,

rien n'est simple. Le divorce ou la séparation des parents est une épreuve, à laquelle s'ajoutent tout un tas de problèmes pratiques : Où habiter, avec papa ou avec maman ? Comment réagir face

Un enfant sur quatre vit avec un seul de ses parents ou dans une famille recomposée.

à leur éventuel(le) nouvel(le) amoureux(se), que vous n'avez pas forcément envie d'accepter ? Sans parler des demi-frères ou demi-sœurs. Si tout cela vous paraît insurmontable, n'hésitez pas à en parler à vos parents ou à vos grands-parents pour reprendre confiance. Vous pouvez aussi vous adresser à un autre adulte. Car vous avez en vous la force de rebondir. Mais il faut peut-être juste que quelqu'un vous aide à trouver le déclic.

pour aller plus loin

Les sondages montrent que la famille, ça compte pour les adolescents ! Pourquoi ?

Nous avons tous besoin d'un attachement fiable à nos parents. En général, la confiance que nous leur faisons retentit en nous, et construit la confiance que l'on a en soi. **Nous nous construisons dans une famille, en nous nourrissant d'elle.** Grâce aux relations que nous avons avec elle, à la vie que nous partageons, nous pourrons nous développer et apprendre. La présence autour de nous de personnes différentes nous permet aussi de comprendre qu'on n'est pas obligés d'être semblables, d'avoir les mêmes pensées, pour s'aimer. Les parents sont deux êtres physiquement et psychologiquement différents, et **leurs différences font partie des raisons qu'ils ont de s'aimer**. Prendre conscience de cela est très important.

Le divorce ou la séparation des parents est un véritable tremblement de terre. Que faire quand les bases solides sur lesquelles on a été élevé s'effondrent ?

Le divorce des parents provoque de grosses secousses, il peut entraîner un traumatisme. Mais, même lors d'un séisme, la planète ne s'arrête pas de tourner. Un divorce ou une séparation déchire l'enfant entre son père et sa mère, mais il lui faut faire avec. **La qualité des liens qui existent depuis toujours entre lui et chacun de ses parents lui permettra de surmonter cette épreuve** et de se renforcer. Ce n'est pas parce qu'il vit un événement douloureux que le mauvais l'emporte sur le bien. Face à la réalité, si difficile soit-elle, il faut faire confiance à l'avenir. Un adolescent y arrivera d'autant plus facilement qu'il aura confiance en chacun de ses parents, même s'ils se disputent ou se séparent.

Les adolescents doivent-ils connaître les raisons du divorce de leurs parents ?

Un parent peut tout à fait dire ce qu'il reproche à l'autre ; il peut expliquer qu'ils sont devenus beaucoup trop différents. Un parent peut aussi exprimer sa souffrance, ou avouer qu'il a du mal à accepter ce divorce. **L'essentiel est d'avoir toujours le souci de respecter l'autre, de ne pas parler de lui de façon négative.** Il ne faut pas oublier qu'on est tous fait de deux parents, et qu'on ne peut pas se construire avec le sentiment d'avoir un parent entièrement mauvais. Par ailleurs, l'adolescent a aussi le droit de dire qu'il en veut beaucoup à sa mère ou à son père…

On n'est pas obligés d'être semblables pour s'aimer.

Comment lui expliquer qu'il n'est en rien responsable de l'échec du couple, contrairement à ce qu'il aurait tendance à penser ?

La séparation de ses parents confronte l'enfant à des questions profondément angoissantes : Qui est-ce que j'aime le mieux, papa ou maman ? Pourquoi ne suis-je pas assez important pour qu'ils choisissent de rester ensemble ? Puisque l'amour entre mes parents s'arrête, est-ce que leur amour pour moi peut aussi s'arrêter ? Face à ces questions qui peuvent faire naître un sentiment de culpabilité chez l'enfant ou l'adolescent, il est important de rappeler que le divorce est une affaire de couple. Cela ne modifie pas les liens entre les parents et les enfants.

L'adolescence semble aussi tout compliquer entre frères et sœurs. Pourquoi ?

De toute façon, avoir des frères et sœurs n'est pas facile ! Cela nourrit des sentiments contradictoires, comme l'amour et la rivalité. Ces sentiments naturels peuvent être aiguisés par les contradictions propres à l'adolescence. Si les parents insistent : « Vous êtes frère et sœur, donc vous vous aimez forcément », ça n'arrange pas les choses ! Mieux vaut reconnaître que des sentiments contradictoires peuvent cohabiter : **vous ne vous supportez pas, mais vous êtes très attachés l'un à l'autre.** Et si les grands dépassent les limites avec le plus petit, ou inversement, il est de la responsabilité des parents de rappeler ce qui est permis et ce qui n'est pas acceptable. La famille doit être vivable pour tous !

La jalousie entre frères et sœurs est-elle inévitable ?

Éprouver un sentiment d'injustice,

de frustration ou de colère, cela fait partie de la richesse de la vie ! **Chacun doit pouvoir en parler** en famille. Les parents doivent veiller à un partage le plus équitable possible, mais l'équité ne se mesure pas quotidiennement. Un jour, l'un peut être avantagé ; le lendemain, ce sera l'autre… Si les parents vivent et expliquent cela sereinement, les enfants peuvent le comprendre.

Pourquoi Sophia ne supporte-t-elle pas d'être copiée par sa petite sœur ?

Le fait d'être imitée exacerbe un sentiment que Sophia a pu connaître dans sa petite enfance, quand sa sœur est née et lui a « volé » ses parents. À l'adolescence, le sentiment que sa petite sœur veut lui voler sa personnalité peut surgir et l'exaspérer. Pourtant, Sophia devrait se sentir aussi valorisée et flattée. Car, si sa petite sœur se comporte ainsi, c'est qu'elle la considère comme un modèle, un exemple à suivre !

La famille ne se réduit pas qu'aux frères, sœurs, père et mère. Quelle importance détient la famille élargie, ou d'autres adultes, amis de la famille ?

Ils apportent de l'ouverture et la possibilité de vivre d'autres relations ! **Il peut être plus facile de demander un avis ou de l'aide à la sœur de sa mère qu'à sa mère.** Ils donnent aussi aux ados l'occasion de tester les outils acquis à la maison (la politesse, la disponibilité) et de vérifier leur utilité. Il est tellement agréable de se montrer bien élevé chez les autres (on débarrasse la table sans se faire prier, etc.), alors qu'on est si peu serviable chez soi ! Car, pour un ado, **montrer à ses parents le bon résultat de leur éducation, c'est presque comme fayoter !**

Le décalage d'une génération, dans le cas des grands-parents par exemple, permet également de profiter de ce qu'on aurait du mal à accepter de ses parents : un conseil, une remarque, etc. Certains grands-parents jouent aussi le rôle de soupape de sécurité entre ados et parents. Les adolescents ne bousculent pas leur mamie ou leur papy comme leur père ou leur mère : ils sont un peu attendris par leur vulnérabilité, due à leur âge, en opposition à la force de l'autorité qu'ils sentent chez leurs parents.

Certains grands-parents jouent le rôle de soupape de sécurité entre ados et parents.

Quand certains ados se demandent si leurs parents ont eu une adolescence, ne pourraient-ils pas mener l'enquête auprès de leurs grands-parents ?

Je les y encourage ! Grâce à ses grands-parents, un ado peut regarder ses parents d'un autre œil : cela peut être riche et surprenant de leur demander de raconter l'enfance ou l'adolescence de son père ou de sa mère ! C'est aussi une façon de découvrir leur propre histoire. Chacun de nous a besoin de savoir d'où il vient. **Et chacun cherche à savoir pourquoi il est là.** Si ses parents étaient heureux quand il est né. Sous-entendu : s'ils sont toujours heureux aujourd'hui. Pour les adultes, il ne s'agit pas de raconter toute l'histoire familiale en détail, mais de montrer que les grands-parents, comme les parents, ont du plaisir à transmettre quelque chose à leur petit-enfant ou à leur enfant.

Certains adolescents semblent détester les grandes réunions familiales. Pourquoi ?

Ils peuvent les trouver factices, superficielles. Mais, dans une période où le monde évolue très vite, où les situations professionnelles risquent de se renverser, **il est très rassurant de voir que les liens familiaux et la solidarité demeurent,** même si on ne se voit pas souvent, même si on n'est pas d'accord sur tout. L'adolescent éprouve parfois le sentiment d'être « coincé » et mal compris dans sa petite famille.

Les adultes peuvent montrer qu'ils ont du plaisir à transmettre quelque chose aux ados.

En constatant que, malgré les conflits et les modes de vie différents, elle continue à garder des liens avec la famille élargie, **il ne se sentira pas coupable de penser différemment ou d'être en colère.** Il n'aura pas peur que cela le prive de l'amour de sa famille ou de ses parents.

« Ma bande et moi »

on se dit tout

« Je t'écris parce que j'ai un gros problème : l'année prochaine, je rentre au collège, et mes parents ont décidé que je devais aller en horaires aménagés, car je fais de la trompette. Toutes mes copines vont dans un autre collège. La trompette, ça me plaît beaucoup, mais j'aimerais continuer à en faire, tout en restant avec mes amies. S'il te plaît, aide-moi à convaincre mes parents. »
Sarah, 11 ans

« J'ai 11 ans et demi et je suis en 5e. Dans ma classe, les filles sont d'un côté et les garçons de l'autre. Moi, j'aimerais avoir des activités avec des garçons, mais comment réagiront mes copines ? Pour elles, discuter avec un garçon = avoir envie de sortir avec lui. Pourrais-tu me conseiller ? »
Mona

« J'ai un mégaproblème. Dans la classe, une fille m'énerve beaucoup. Elle dit des choses sur moi, elle me vole mes copines et m'empêche de vivre. S'il te plaît, aide-moi ! »
Delphine

« Je suis amoureux d'une fille. Le problème, c'est que deux de mes copains la draguent et semblent également amoureux d'elle. J'ai l'impression qu'elle les apprécie plus que moi. Que faire ? »
Marvin, 13 ans

« Je suis en 3e
et j'aimerais bien former
un groupe mixte
avec quelques copines
et certains garçons
de ma classe.
Mais je ne sais pas
comment m'y prendre. »
Valentina

« J'ai deux meilleures copines depuis toute petite, mais depuis l'arrivée en 6e, j'ai l'impression que d'autres amies veulent faire partie du trio. Une de mes deux meilleures copines accepte une nouvelle fille, mais en rejette une autre. Mais les filles qui veulent s'intégrer à notre groupe sont juste des amies, et non pas des meilleures amies. Comment faire ? »
Jessica, 11 ans et demi

« Depuis que j'ai déménagé, j'ai perdu ma personnalité. Je fais tout comme mes nouvelles copines, en suivant leurs idées, parce que j'ai peur de les perdre. Je me suis même mise à regarder des feuilletons et à écouter des groupes de musique pas très intelligents, alors qu'avant, ça ne me serait jamais venu à l'esprit. Que faire ? »
Alexia, 13 ans

« Ma copine et moi passons toutes nos récréations ensemble. Nous connaissons beaucoup de personnes, sans pourtant traîner avec elles. Nous aimerions faire partie d'un groupe, mais nous ne savons pas comment faire. Nous avons essayé de nous intégrer dans un groupe, mais ça n'a pas marché. Nous avons pensé à former le nôtre, mais toutes les personnes que nous apprécions et qui nous apprécient ont déjà le leur... »
Margot

« L'amitié fille-garçon, je sais que ça existe : je suis amie avec un garçon hyper sympa. C'est très dur de garder notre amitié, car dès que l'on est devenus amis, tout le monde s'est imaginé que je l'aimais et que je voulais sortir avec lui. Plein de filles pensent que si on est amie avec un mec, c'est qu'on veut sortir avec lui. J'ai dû supporter cette pression pendant longtemps, mais maintenant, ça va mieux, car ils ont compris qu'on était amis et que ça n'allait pas plus loin. »
Nora, 13 ans et demi

une seconde famille

Trop triste sans copains

• Le collège ? Un endroit merveilleux, grâce aux copines et aux copains que vous y retrouvez ! Les après-midi libres ? Une fête quand vous les passez ensemble, un long ennui quand vous restez seul(e) à la maison ! Les fous rires, les confidences, les parties de foot, les séances de cinéma ou les sorties en ville : que de moments forts vécus avec les potes ! À tel point que, sans eux, vous vous sentez parfois perdu(e), presque malheureux(se).

On se ressemble

• Votre univers, ce n'est plus seulement votre famille, vos parents, vos frères et sœurs. Vos relations s'étoffent, se diversifient. Maintenant, vos préoccupations sont centrées sur vos copains et vos copines, ceux qui vous ressemblent : vous vivez les mêmes expériences, vous parlez le même langage, vous écoutez la même musique, et vous avez souvent opté pour le même style de vêtements. Telles les mailles serrées d'un pull en laine, vos copains et vos copines vous enveloppent, vous tiennent chaud, vous réconfortent. C'est tellement rassurant de vibrer ainsi à l'unisson, d'éprouver les mêmes ras-le-bol face aux profs « qui donnent trop de travail », aux parents « d'une autre époque » !

On partage les mêmes doutes

• Car, mine de rien, sous certains airs très assurés se cachent une

foule de questions : Qu'est-ce qui se passe dans mon corps ? D'où me viennent ces nouvelles pensées ?

Vos copains et vos copines vous réconfortent. C'est rassurant de vibrer ainsi à l'unisson !

Suis-je normal(e) ? Les autres sont-ils comme moi ? Ces questions vous travaillent un peu, beaucoup, et même trop, parfois. Face à elles, il vous arrive de vous sentir bien seul(e) ! Heureusement, aussi personnelles et intimes soient-elles, ces interrogations ne sont pas que les vôtres : vos copains, vos copines les vivent également.

On se réconforte

● Ensemble, vous vous sentez plus fort(e)s pour les affronter ou, au contraire, les ignorer : les copines et les copains, ça sert à ça ! Entre filles, vous échangez vos petits hauts, vos bonnes adresses, vos confidences. Entre garçons, vous préférez passer à l'action. Jeux vidéo, skate, foot, échecs sont autant d'occasion de vous mesurer. Et tous, d'un groupe à l'autre, du terrain de hand-ball aux discussions de la récré, des sourires en douce aux embrouilles embrouillées, vous évaluez vos différences, comparez vos ressemblances, bref… vous en apprenez autant sur vos semblables que sur vous-mêmes !

pour aller plus loin

Peu à peu, les copains deviennent de plus en plus importants. Pourquoi ?

À l'adolescence, on s'ouvre davantage sur le monde extérieur. Les liens avec les parents se transforment. **Les parents ne sont plus la référence :** ce sont les copains qui donnent le *la* de ce qu'il faut ou ne faut pas faire. Ce changement est nécessaire. Il permet de se distinguer de sa famille, et de **se différencier de l'enfant qu'on était.** C'est aussi en prenant un peu de distance avec ses parents que l'on peut exprimer des goûts et des idées qui ne sont pas celles des adultes, mais celles de son âge.

Est-ce pour cela que sans sa bande, sans ses copines, on se sent parfois perdu (e) ?

Les copains ou les copines apportent d'autres repères, constituent comme une autre famille. Ils sont des modèles intermédiaires entre les ados et leurs idoles (stars du sport,

du cinéma ou de la musique). Dans le groupe, **chacun s'observe, se regarde et emprunte chez les uns ou chez les autres des éléments pour se construire** : des expressions, des détails vestimentaires, des goûts… Les filles ne veulent sûrement pas ressembler à leur mère, ni les garçons à leur père, ni non plus à une telle ou un tel, qu'ils trouvent trop ceci ou trop cela. Ce jeu de ressemblances ou de différences peut paraître futile, vu de l'extérieur, mais chacun bâtit ainsi son image personnelle, sa crédibilité.

> L'adolescence renforce les différences profondes qui existent entre les filles et les garçons.

Les relations entre copines ressemblent-elles aux relations entre copains ?

L'adolescence renforce les différences profondes qui existent entre les filles et les garçons, pour des raisons purement chimiques (les hormones) ou culturelles (l'éducation). **Les relations entre filles sont très affectives, plus bavardes** : elles se disent les choses avec intensité, se comparent beaucoup, sont rivales. **Les relations entre garçons passent davantage par des activités faites ensemble** : sport, musique, jeux vidéo. C'est leur façon de se comparer, de se mesurer, mais sans se faire de confidences ni se montrer trop sentimentaux.

Pourquoi les bandes sont-elles si peu mixtes ?

C'est surtout le cas pour les plus jeunes des adolescents : en 6e-5e, **les garçons préfèrent rester avec les garçons, et les filles avec les filles.** Ils ont besoin de conforter leur image de fille ou de garçon dans un groupe non mixte. Les filles se regardent comme dans un miroir dans les yeux de leurs copines, les garçons font de même avec leurs copains. Après, en 4e ou en 3e, cela change.

Avoir des copains, c'est sympa, mais c'est aussi se comparer en permanence : peut-on en souffrir ?

C'est vrai qu'entre copains ou copines règne aussi **une intense compétition.** Les plus anxieux peuvent se sentir vite écrasés : il y aura toujours quelqu'un qu'ils considéreront comme « mieux qu'eux », que ce soit dans le domaine du poids, de la taille, des résultats scolaires, du niveau de vie des parents, etc. S'ils ne voient que les « plus » des autres, notamment dans les apparences physiques, cela peut avoir un effet ravageur, comme la course à la minceur. De même, dans d'autres cas, **la compétition scolaire peut être plus destructrice que stimulante. Si l'on est toujours en train de se juger, on vit un véritable calvaire, au lieu d'être dans le plaisir de l'échange.**

Certains ont moins de facilité à se faire des copains, à s'intégrer dans une bande : doivent-ils s'en inquiéter ?

Non, **ils ont le droit d'être différents.** Peut-être sont-ils moins sociables, plus timides ? Il faut aussi une certaine force pour ne pas se faire happer par le groupe. Ainsi, parmi ceux qui sont toujours avec leur bande de potes, il y en a peut-être quelques-uns qui ont peu d'autonomie, qui agissent comme des moutons et sont perdus sans les autres.

Pour autant, n'avoir aucune relation est triste et regrettable, car on n'échange pas avec les autres. Mais il est vrai qu'**il faut parfois savoir attendre de rencontrer les bonnes personnes !**

Par contre, si cet isolement est douloureux, il est bon d'en parler à un adulte, pour avoir un avis extérieur. De leur côté, les parents peuvent créer des occasions de rencontre avec d'autres ados : un séjour chez des cousins, une activité sportive ou artistique…

> **Si l'on est toujours en train de se juger, on vit un véritable calvaire au lieu d'être dans le plaisir de l'échange.**

Ne peut-on pas être solitaire, tout simplement ?

C'est vrai que certains ont un caractère plus solitaire, alors que d'autres ne se sentent bien qu'en compagnie. Mais il ne faudrait pas s'enfermer dans une différence (en se persuadant par exemple que « moi, je suis solitaire »), car cela risque de devenir une étiquette dont on aura du mal à se débarrasser. Ainsi, quand on n'a pas l'habitude de sortir pour retrouver des copains ou faire du sport, sortir devient peu à peu effrayant.

Tant qu'on ressent un véritable plaisir à être seul, c'est bien ; mais, quand derrière ce plaisir se cache **la peur de la rencontre avec les autres,** c'est plus inquiétant. Car la peur nous empêche de rencontrer des gens différents de nous-mêmes, et de nous nourrir des échanges avec les autres. Or, on peut tout à fait apprécier d'être seul pour lire, écouter de la musique ou faire des jeux vidéo, tout en reconnaissant aussi le plaisir des relations.

Les parents ont-ils raison de chercher à connaître les copains de leurs enfants ?

Ce serait dommage, et même dangereux pour un ado, qu'il y ait une cloison étanche entre sa vie avec les copains et sa vie dans la famille. Lorsque c'est le cas, l'adolescent lui-même est comme divisé en deux, entre une apparence conforme à ce que veulent ses parents, et sa réalité profonde. Par contre, les adolescents ont vraiment besoin d'une certaine autonomie, surtout dans leurs relations. Alors, sans tout contrôler, les parents peuvent saisir des occasions pour rencontrer les copains, prendre de leurs nouvelles, se tenir un peu informés. Bien sûr, quand on est ado, **on ne supporte pas que ses parents émettent des réserves** sur l'un de ses copains, car on le ressent comme une critique de soi, de ses goûts ou de ses choix. En fait, à l'adolescence, **quand on entend ses parents juger un copain, on se sent soi-même jugé !**

« Sans mon meilleur ami, qui suis-je ? »

on se dit tout

« C'est trop injuste, je n'ai pas de meilleure amie ! J'aimerais vraiment en avoir une qui m'écoute, me console, garde mes secrets. Pas plus tard qu'hier, tout ce que j'avais dit à deux personnes s'est retrouvé dans la bouche des vingt-neuf autres… J'ai un hyper bon groupe de copains, une bande ! Mais c'est pas ça que je veux ! À 13 ans, j'aimerais tant avoir une meilleure amie ! Je la comprendrais : ses chagrins d'amour, d'amitié, tout, elle me raconterait tout… Y a-t-il une personne dans ma ville, dans le monde, qui cherche une amie, et avec qui je pourrais m'entendre ? »
Marie, 13 ans

« J'ai 13 ans, et je crois que je suis amoureux de mon meilleur ami. Que dois-je faire ? J'ai vraiment peur de perdre un grand ami. Je ne pense pas qu'il soit comme moi, mais j'hésite quand même à lui demander. Peux-tu me donner ton avis sur la question ? »
Anthony

« L'année dernière, j'habitais un tout petit village et j'avais un groupe de copines avec lesquelles je m'entendais super bien. Surtout avec Sonia, ma meilleure amie depuis le CP. On s'était juré de ne jamais se quitter, sous aucun prétexte. Si l'une de nous deux s'en allait, tout resterait comme avant. Mais, en grandissant, je me suis aperçue que notre amitié avait changé. Puis j'ai déménagé, ce qui n'a fait qu'empirer les choses. Maintenant, j'habite dans un autre village depuis un an et demi. J'ai quelques amies très sympas, mais je n'ai pas trouvé la perle rare… »
Alexandra, 12 ans

« J'adore ma meilleure amie,
mais je suis très jalouse d'elle :
elle est plus belle que moi,
plus maigre, sa situation familiale
est bonne, elle a une grande maison
et elle fait tout mieux que moi.
Bref, c'est tout le contraire de moi.
La seule chose que je fais mieux :
je suis meilleure en classe,
et elle dessine comme un pied. »
Léa

« L'année dernière, j'avais un copain, Antonin, avec qui j'étais tout le temps. Cette année, un nouveau, Marc, est arrivé. Il nous a rejoints, Antonin et moi. Mais parfois, je me sens un peu rejeté, car ils disent que je suis "coincé", que je ne m'exprime pas assez. Je crois qu'ils ne se rendent pas compte que ça me fait du mal. J'en ai parlé avec mes parents et à une psy, mais j'aimerais que tu me donnes des "trucs" pour être plus à l'aise. »
Sébastien, 13 ans

« J'ai un énorme problème,
je ne sais pas choisir
mes meilleures amies.
Un jour, c'est une telle,
le lendemain, c'est une autre.
Peux-tu me dire comment on fait ? Merci. »
Pauline, 12 ans et demi

« Ma meilleure amie veut toujours être avec moi et, quand je vais avec d'autres copines, elle s'en va. Elle ne veut pas avoir d'autre amie que moi, et je pense que ça va lui jouer des tours. L'année prochaine, on sera au lycée, et sûrement pas dans la même classe. Aide-moi à lui faire comprendre que si elle n'a pas d'autre amie que moi, elle va être malheureuse plus tard ! C'est pour son bien que je veux qu'elle ait d'autres copines et non pas pour me défaire d'elle ! Merci de répondre à ce SOS. »
Audrey

« J'ai plein de copines, mais aucune amie. Mes sept copines sont très bébés, elles rigolent tout le temps et font toujours les folles. Je me sens seule. J'envie d'autres filles de ma classe ; elles, ce sont des amies, des vraies. Comment faire ? J'ai beau essayer de leur dire d'arrêter, à mes copines, elles recommencent. Tout ce que je veux, c'est une amie qui sache m'écouter. »
Stéphanie, 13 ans

l'amitié, pour se connaître

« Un seul être vous manque, et tout est dépeuplé. » Quand il écrit ce vers, Alphonse de Lamartine pleure un amour perdu. Mais cela pourrait aussi être l'expression de cette terrible sensation de solitude que l'on éprouve quand on n'a pas d'ami ! Bien sûr, il y a la bande de potes, avec qui vous passez de super moments à vous éclater, tchatcher, faire du sport, etc. Mais ils ne remplacent pas l'Ami(e), l'Ami(e) avec un A majuscule, qui vous connaît mieux que personne, que vous connaissez mieux que personne.

L'ami(e), c'est l'âme sœur qui accompagne et réconforte tout au long de l'adolescence.

La perle rare

● Ceux et celles qui n'ont pas encore croisé la véritable amitié l'espèrent, la rêvent, la souhaitent avec ardeur. Ils voudraient tant partager, ils aimeraient tant se sentir instantanément et complètement compris… Mais comment trouver cette perle rare ? Bien sûr, il n'existe ni potion miracle ni recette magique. Mieux vaut compter sur le hasard des rencontres et sur vous-même. Car pour avoir un(e) ami(e), peut-être faut-il d'abord en être un(e) ?

Entre ami(e)s, on se dit tout

● Il vous semble que seul(e) un(e)Ami(e) peut vous accepter

tel(le) que vous êtes ! À votre ami(e), vous pouvez tout dire, tout confier : vos peurs et vos désirs les plus secrets. L'ami(e), c'est l'âme sœur qui accompagne et réconforte tout au long du voyage en adolescence. Comme un double qui ressentirait tout à l'unisson, qui comprendrait tout sans mots, sans juger. Fabuleux miroir, l'amitié révèle à chacun des amis beaucoup plus que son simple reflet : sa personnalité, de nouveaux centres d'intérêt, de nouveaux sentiments.

Et on apprend à aimer

- Quand on aime d'amitié, on a envie que ça dure… toujours ! Vous aimez faire rimer « amitié » avec « fidélité », car vous devinez la richesse d'une relation profonde, sincère, où chacun fait confiance à l'autre. Avoir un ami, c'est vous réjouir de vos ressemblances et ne pas redouter vos différences. Grâce à elles, votre amitié ne cessera pas de vous surprendre et de vous enrichir.

Il vous semble que seul(e) un(e)Ami(e) peut vous accepter tel(le) que vous êtes !

pour aller plus loin

Quelle est la différence entre un copain et un ami ?

Cette différence est très nette pour les ados. Avec les copains (de classe ou de sport), ils ont des relations assez superficielles. Ils s'apprécient un peu ; ils sont différents, mais ils s'entendent bien, dans une bonne ambiance : « on est juste copains », disent-ils.

Les amis, eux, sont en nombre limité. Entre amis existe un sentiment de partage : **on se reconnaît l'un dans l'autre, l'autre est un peu une part de soi-même ou un aspect de soi que l'on aurait aimé avoir.** Sans forcément connaître la phrase de Montaigne à propos de son ami La Boétie : « Parce que c'était lui, parce que c'était moi », les ados décrivent parfaitement cette vérité de sentiments quand ils parlent de l'amitié ou de leur ami(e). D'ailleurs, beaucoup d'amitiés adultes se sont nouées durant cette période de la vie. Et les amitiés adolescentes qui perdurent créent des liens très forts.

« Je voudrais tant avoir une meilleure amie », dit une jeune fille. Pourquoi ce besoin s'exprime-t-il si fort à l'adolescence ?

Je crois que toute l'adolescence est contenue dans cette phrase. Elle traduit à la fois **la nécessité de s'éloigner de ses parents, et le besoin de compenser cette prise de distance par un autre lien affectif fort.** Enfant, on cherchait à savoir qui on était et si on était « bien » aux yeux des parents, dont on cherchait l'approbation. Adolescent, on cherche à se rassurer dans la relation avec un ami qu'on trouve formidable et qui nous trouve formidable. À cette époque de la vie, les liens les plus affectifs se tissent avec quelqu'un qui est très proche, qui vous ressemble, qui vous complète, qui est tel que l'on voudrait être. Bien sûr, l'ami n'est pas la seule personne de référence ; en plus des parents, d'autres adultes de la famille (un jeune oncle ou un grand frère, le parrain ou la marraine) ou extérieurs à la famille (un professeur, un moniteur de sport) peuvent avoir une énorme importance.

On cherche à se rassurer dans la relation avec un ami qu'on trouve formidable et qui nous trouve formidable.

Pourquoi est-ce difficile de trouver « la bonne personne », comme le disent certaines lettres ?

Si l'on veut que le meilleur ami soit tel qu'on le rêve, qu'il apporte exactement ce que l'on recherche, c'est un peu comme si on ne souhaitait pas rencontrer une autre personne, avec ses différences, mais un double de soi. Dans ce cas, on risque tôt ou tard d'être déçu. Car, même si l'ami essaie de devenir tel que vous voulez qu'il soit, il va oublier un peu qui il est : combien de temps peut durer une telle relation ?

Pour qu'il n'y ait ni déception, ni emprise d'un ami sur l'autre, il faut donc qu'il y ait des affinités, des correspondances, mais aussi des différences : elle est différente, et c'est ce qui est intéressant ; il n'est pas comme moi, et c'est ce qui m'apporte beaucoup.

Pourquoi certaines amitiés sont-elles très exclusives ?

Quand on a un ami et qu'on ne supporte pas que d'autres relations comptent pour lui, c'est comme si on voulait le posséder. En voulant qu'il ne soit que pour nous, on le considère un peu comme l'un de nos objets préférés. **Une amitié exclusive traduit une insécurité :** on ne se sent pas très valable, à l'intérieur de soi, alors on cherche à être plus fort à l'extérieur, en se valorisant par ses relations. Pourtant, si on trouve tant de qualités, tant de richesses à son ami, c'est qu'on a soi-même assez de qualités et de richesses pour y être sensible !

Amitié rime-t-elle avec fidélité ?

Pour les adolescents, en effet, amitié rime avec fidélité, alors que l'amour leur semble plus fragile. Car l'amitié, qu'ils vivent le plus souvent avec une personne du même sexe, leur permet d'avoir une relation plus sereine, plus rassurante qu'une relation amoureuse. **Tous les êtres humains éprouvent ce besoin profond d'une relation fiable et durable qui les rassure sur eux-mêmes.** L'amitié vient apporter une réponse aux incertitudes et aux questionne-

ments qui surviennent durant cette période de flottement où l'on s'éloigne de sa famille sans avoir encore trouvé d'attachement : Est-ce que je vais être aimé(e) ? Est-ce que je vais être protégé(e) de la solitude ? Est-ce que je vais trouver quelqu'un de sûr ? Toutes ces interrogations font que l'on recherche la fidélité à l'adolescence.

En perdant un ami, on perd une partie de soi.

Est-ce pour cela que la fin d'une amitié peut être si douloureuse ?

En perdant un ami, on perd une partie de soi, ce miroir dans lequel on se regardait. La fin d'une amitié interroge aussi sur la qualité et la vérité de cette relation : Était-elle vraiment partagée ? Était-elle importante ? Étais-je moi-même important(e) ? Et qu'est-ce qui est vraiment important ?

La fin d'une amitié ne remet pas en cause la sincérité et la force de cette relation, mais elle relativise tout. Comme une rupture amoureuse. À un moment où les parents ne revêtent plus l'importance qu'ils avaient auparavant, il est très déstabilisant de se demander si on peut vraiment être important pour quelqu'un.

En amitié aussi, on progresse en faisant des essais et des erreurs.

Cela dit, **changer d'ami en grandissant n'a rien d'anormal ni d'inquiétant,** car il peut arriver qu'à un moment, les différences l'emportent. Cela fait partie du cheminement de l'adolescence de chercher les autres, et de se chercher en cherchant les autres. En amitié, comme en amour, comme dans d'autres domaines de la vie, on progresse en faisant des essais et des erreurs.

Pourquoi les amitiés mixtes ne sont-elles pas très nombreuses ?

Elles sont plus compliquées à l'adolescence. D'abord, parce qu'elles sont parasitées par les éventuelles relations amoureuses, ensuite, parce que c'est un âge où l'on éprouve le besoin d'être rassuré sur ce qu'on est par ses semblables.

Les amitiés mixtes ne sont pas non plus exceptionnelles, il peut y avoir des relations amicales sans ambiguïté, dénuées d'attirance sexuelle. Elles peuvent prendre la forme de relations fraternelles. Et souvent, **ces amitiés-là durent, parce que les deux personnes ont envie d'un attachement tranquille et durable.** Ils sentent qu'une relation amoureuse apporterait de la passion et de la fragilité, et ne veulent pas prendre ce risque, même s'ils sont un petit peu amoureux. C'est assez sage, car une histoire d'amour qui s'arrête emporte souvent l'amitié qui existait avant.

Certains adolescents vivent des amitiés tellement fortes qu'ils se demandent s'ils ne sont pas homosexuels. Ont-ils raison de se poser la question ?

Oui, c'est une question fondamentale. Après une période de répression où il ne fallait pas être homosexuel, les jeunes savent aujourd'hui que l'homosexualité existe, et qu'il s'agit de sentiments profonds et durables.

Mais il est très important de préciser que toute attirance pour le même sexe ne traduit pas l'homosexualité. Dans toute relation d'amitié, on cherche quelqu'un de semblable pour se rassurer, se découvrir, se construire : une amie quand on est une fille, un ami quand on est un garçon. **Cette attirance s'appelle l'homophilie,**

c'est-à-dire l'amour du même, du semblable. À l'adolescence, l'homophilie est un aspect important de l'amitié. Et si l'on trouve un ami ou une amie qui nous enthousiasme, avec lequel (ou laquelle) on se sent bien, comme jamais on a été, cela peut générer des fantasmes et on peut ressentir une attirance sexuelle, sans pour autant être homosexuel(le). On peut même avoir des expériences homosexuelles sans être définitivement homosexuel(le).
Ce qui détermine l'homosexualité durable, plus que l'attrait sexuel pour quelqu'un du même sexe, c'est quelque chose de l'ordre de la peur et du dégoût de l'autre sexe, avec toute sa force purement affective et irrationnelle. Certains seront plus tard homosexuels. C'est une minorité. **Les adolescents qui se posent la question ont le temps de se déterminer.** L'important est qu'ils prennent confiance en eux, et qu'ils ne tombent pas tout de suite dans l'idée : je suis ou je ne suis pas homosexuel(le).

Toute attirance pour le même sexe ne traduit pas l'homosexualité.

« Tous des machos, toutes des pétasses ? »

on se dit tout

« Je t'écris, car j'ai un problème avec les garçons : ils me trouvent belle et bien faite. Mes copines pensent que j'ai de la chance, mais à cause de ça, ils me matent de la tête aux pieds, certains me touchent les fesses et d'autres me font des remarques vulgaires. Tu vas me dire que je pourrais en parler aux profs ou à un adulte, mais parmi ces garçons, il y a mon meilleur copain. »
Ludivine

« Je suis sortie une fois avec un garçon, et ça a été le fiasco total. Je ne me sentais pas à l'aise avec lui. En fait, je voudrais aimer un garçon qui me comprenne, à qui je pourrais tout confier. Comme mon meilleur ami. Il faudrait qu'il m'écoute et m'aide dans les moments difficiles. Mais peut-être que les garçons de mon âge ne sont pas assez mûrs pour une telle relation ? »
Élise, 13 ans

« Certaines personnes me dégoûtent : celles qui ne croient pas à l'amitié entre filles et garçons. Je trouve cela idiot, car si un garçon et une fille ont les mêmes goûts, les mêmes passions, ils peuvent très bien les partager. Le problème, ce sont les "mauvaises langues" ! Elles sont capables d'inventer n'importe quoi. »
Anonyme

« J'écris à ceux qui disent : "Je sais pas si je l'aime, je sais pas si je vais sortir avec elle." C'est quoi, ça ? Pas besoin d'être amoureux pour sortir avec une fille. On sort avec elle, et si on est amoureux, tant mieux, sinon, tant pis, peut-être ça viendra et peut-être pas. Foncez quand même, y a rien à perdre. »
Mickaël

« Depuis que je suis petite, je m'entends mieux avec les garçons qu'avec les filles. Comme je fais beaucoup de sport et que les fringues, ce n'est pas mon truc, je parle plus facilement avec les copains. Mais dès que je rigole avec l'un d'eux, les autres disent : "Tu sors avec lui ?" Comment leur expliquer que l'amitié, ça existe ? »
Estelle, 14 ans

« J'ai peur d'inviter une fille à danser ou à jouer à l'ordinateur. Ça m'énerve ! »
Hugo, 11 ans

« Les garçons et les filles aujourd'hui ne se comprennent pas, ne maîtrisent pas leurs relations. Je crois qu'il y a une peur réciproque. »
Clément, 13 ans

« Les filles, c'est dur à comprendre. C'est plus compliqué que les garçons. Et pourtant, sans elles, on ne peut rien faire dans la vie… »
Romain, 13 ans

« Je suis en 3e et ce n'est que maintenant que certains de ma classe acceptent que filles et garçons puissent être amis et que cette amitié puisse être encore plus forte qu'une amitié entre deux personnes du même sexe. Je me rappelle en 6e, 5e et même en 4e, quand je parlais avec un garçon, mes copines me disaient : "Tu veux sortir avec lui ?" À chaque fois, c'était faux ! Heureusement, cette année ça s'est arrangé… »
Mélanie, 14 ans

« Nous les filles, nous voudrions bien savoir pourquoi les garçons sont si timides (quand on parle des garçons, on parle de la majorité, pas de tous). Nous disons "timides", mais nous ne savons pas trop si c'est ça ou autre chose. Nous en avons marre ! On essaie d'être gentilles avec eux, mais quand ils se décident à nous parler, c'est pour nous faire des réflexions désagréables. Ils sont distants, on dirait des bébés. »
Un groupe de filles de 4e

on se dit tout

« Ras-le-bol des mecs
machos et prétentieux.
Ras-le-bol des pétasses
qui se croient supérieures
parce qu'elles sont jolies
et ont un petit copain.
Nous aussi, on existe.
Les mecs regardent toujours
les mêmes :
il faut être grande,
faire du 95B,
être super jolie et
pas timide. Merde !
Tout le monde n'est pas
parfait ! Alors, *please*,
les mecs. Il n'y a pas que
les tops sur terre. Il y en a
de moins jolies, qui ont
moins de poitrine, mais qui
sont sympa, intelligentes
et qui ont du caractère ! »
Julie

**« Les garçons sont,
pour la plupart, complexés
par rapport à nous, les filles.
Vers 12-14 ans, nous, on a grandi,
on est devenues de petites
femmes, et eux n'ont pas encore
changé physiquement.
Ils sont encore des enfants
pour certaines choses.
Mais quand on essaie
de discuter avec eux,
on les trouve déjà plus matures
et moins machos ! »
Coline, 14 ans**

*« Les garçons deviennent-ils machos
pour ressembler aux autres ?
Pourquoi veulent-ils cacher
leur personnalité ? J'aimerais que
les garçons répondent sincèrement
à ces questions pour nous expliquer
à nous, les filles. D'ailleurs, les filles
sont moins timides qu'on ne le dit.
Ce sont généralement elles qui font
le premier pas ! »
Agathe, 13 ans*

« Je ne suis jamais encore
sortie avec un garçon.
Ceux qui m'ont dit qu'ils
m'aimaient sont toujours
les plus moches. Moi, je
m'intéresse aux garçons les
plus beaux. J'ai essayé de
m'habiller sexy, mais ça ne
marche pas. Que dois-je faire ? »
Anna

« Je croyais que les garçons étaient particulièrement machos à Marseille, parce que c'est une ville du Sud. Mais une copine qui a déménagé m'a dit que c'était partout pareil. J'aimerais bien que quelqu'un me dise si après 15 ans, les garçons deviennent moins machos. »
Émilie, 13 ans

« Pourquoi les garçons ont-ils aussi peur d'avoir des amies filles ? Dans ma classe, j'ai un très bon pote. Mais tout le monde me dit que je suis amoureuse de lui. Moi, je m'en fous, car je sais que ce n'est pas vrai, mais lui, ça le met mal à l'aise. Je ne sais plus quoi faire. Maintenant, il a même peur qu'on nous voie ensemble. Aide-moi ! »
Claire

« Je t'écris pour te demander un conseil : j'ai un problème avec les garçons, je n'arrive pas à être en confiance avec eux. Dans ma classe, il y a beaucoup de mecs qui voudraient sortir avec moi, mais je leur dis souvent que je suis déjà prise ; cela m'agace, car je ne me sens plus très bien en présence de ces garçons. Et je ne sais pas ce que je dois faire pour que ça s'arrange. »
Jennifer, 12 ans

« Je viens de rentrer en 5e, et j'ai gardé la même classe que l'an dernier. Mais, à mon grand étonnement, le comportement des garçons a vraiment changé. Ils sont indisciplinés, et surtout, ils ne respectent plus les filles. Je suis la cible de l'un d'entre eux. Avec ses copains, il m'insulte, me harcèle et est presque menaçant. Comment dois-je réagir ? »
Aurélie

« Dans notre classe, les mecs ne regardent que les autres filles (nous sommes deux groupes de filles) et nous, on est seules. S'il te plaît, aide-nous à avoir les garçons à nos pieds : comment faire ? »
Deux lectrices jalouses et désespérées

Incompréhension passagère

Un coup d'œil dans la cour du collège suffit pour constater la complexité des relations filles-garçons. À l'école, vous avez toujours été ensemble, mais au collège vous vous mélangez peu. Surtout en 6e et en 5e : les filles restent entre elles, les garçons se regroupent. Chacun chez soi ! Il faut attendre la 4e pour que les cloisons deviennent moins étanches, les groupes plus mixtes. C'est que puberté et mixité s'accordent mal. La puberté des filles commence en moyenne deux ans avant celle des garçons. Résultat : en 6e et en 5e, les filles paraissent déjà grandes, dans leur corps et dans leur tête. À côté, les garçons font forcément figure de petits, au moins jusqu'en 4e, lorsqu'ils se mettent à pousser.

Des univers distincts

● Cette différence de développement ne concerne pas seulement votre corps. Vos préoccupations, vos activités et vos idées vous font également évoluer dans des univers bien distincts. Aux filles, les papotages sans fin et les envies d'être amoureuses ; aux garçons, les échanges d'astuces de jeux vidéo, les trafics de CD ou les commentaires de soirées sportives. Bref, le poids de vos différences vous retient, filles et garçons, dans vos camps respectifs. Histoire de vous réconforter entre semblables, tout en continuant à épier ceux (ou celles) de l'autre camp d'un œil plus que curieux !

Une même curiosité

● Toutes ces raisons font que les filles trouvent les garçons trop gamins, et que les garçons trouvent les filles trop compliquées ! Mais cela ne vous empêche pas de passer votre temps à vous observer et à vous chercher ! Rien d'étonnant à cela : l'adolescence n'est-elle pas le moment où l'on se cherche et où l'on se prépare à devenir une femme ou un homme ? Le jeu des relations filles-garçons vous offre alors de nombreuses occasions de tester les différentes facettes de votre féminité ou de votre masculinité.

Un contact pas toujours facile

● Bien sûr, dans ce grand jeu, où l'on se cache autant que l'on se trouve, certains semblent plus adroits que d'autres : une telle a plein de copains ou d'amis, un tel est toujours entouré de filles… Vous les enviez en secret. Ont-ils quelque chose que vous n'avez pas ? Et si tout simplement, ces ados-là avaient assez confiance en eux pour oublier toutes ces questions qui vous pourrissent la vie : Ne suis-je pas trop ceci ou cela ? Comment être plus cool, plus sympa ?

Les relations filles-garçons, idéales pour se tester…

● Bien sûr, vous êtes différents, mais n'oubliez pas que vous avez tous, filles et garçons, au moins deux points communs : l'envie de mieux vous connaître et le besoin d'être respecté(e). N'est-ce pas le plus important ?

pour aller plus loin

Pourquoi les relations filles-garçons paraissent-elles si compliquées à l'adolescence ?

Jusqu'à l'adolescence, les relations amoureuses entre filles et garçons étaient surtout imaginaires. Avec le changement du corps et les émotions nouvelles que provoque la puberté, **elles peuvent devenir bien réelles et contribuer fortement à l'image que les adolescents se font d'eux-mêmes.** Elles se chargent donc d'un nouvel enjeu : comme l'amitié, elles permettent à l'adolescent de se découvrir dans le regard des autres, tout en donnant l'occasion de découvrir ces autres qui ne sont pas du même sexe. L'émotion provoquée par ces relations les déborde souvent, ce qui se traduit par un phénomène nouveau et très gênant : le rougissement. C'est leur corps qui les trahit : il parle pour eux. D'autres émotions surgissent avec force à l'adolescence, comme la gêne, le dégoût, la honte.

Pourquoi les filles et les garçons n'ont-ils pas des relations plus simples, alors qu'ils se côtoient depuis la maternelle ?

C'est vrai : puisque filles et garçons vont à l'école ensemble depuis l'âge de trois ans, on aurait pu croire qu'ils s'entendraient forcément bien, une fois au collège. Il n'en est rien. Peut-être que l'école s'est trop attachée à gommer les différences entre les filles et les garçons ? Or, à l'adolescence, pour affirmer son identité, chacun a besoin de s'appuyer sur ses différences, quitte à reproduire des comportements stéréotypés. Par exemple, certains garçons adoptent des attitudes machistes à l'égard des filles, comme pour prouver qu'ils sont bien des garçons (au cas où les filles en douteraient !). En réalité, ce sont eux qui doutent de leur identité d'homme. Alors, ils préfèrent en

rajouter dans la vulgarité, dans la brutalité.

Les « machos » ont donc besoin d'être rassurés ?

Tout à fait ! Les garçons vont se montrer d'autant plus vulgaires ou machos, qu'ils ont besoin d'être rassurés sur leur identité d'homme. Ils reprennent à leur compte les images qui sont présentées comme masculines : la force, la brutalité… Cela correspond aussi à leur agressivité naturelle, biologique. Ils jouent d'autant plus volontiers à être grossiers que ça choque les filles, et qu'ils se font donc remarquer par elles ! **Être machistes, c'est un moyen facile de se rassurer quant à leur pouvoir sur les filles…** alors qu'ils sont beaucoup moins certains de pouvoir les embrasser ! Mais les filles doivent prendre patience : les garçons finissent en général par changer, même à Marseille, pour répondre à la lettre d'Émilie !

Pour affirmer son identité, chacun a besoin de s'appuyer sur ses différences.

Et les filles, pourquoi deviennent-elles si compliquées ?

Elles aussi recherchent une certaine maîtrise de la situation. **Avoir une relation avec un garçon leur procure à la fois plaisir et inquiétude :** elles se confrontent à une sorte d'inconnu et à quelqu'un de profondément différent. En même temps, les filles ont généralement moins peur que les garçons de s'engager dans une relation, et elles savent qu'elles pourraient assez facilement se laisser emporter par leurs sentiments. Peut-être craignent-elles de se laisser aller, de tomber amoureuses, donc d'être trop fragiles… Faire un pas vers un garçon, puis hésiter, reculer, puis revenir, paraître compliquées aux yeux des garçons, ça leur permet de se protéger un peu, de garder une petite marge de manœuvre pour se défendre de leurs tendances naturelles à trop se donner. C'est peut-être aussi une tentative de mettre les garçons à distance, voire à l'épreuve.

Est-ce que les garçons éprouvent comme les filles le besoin de séduire ?

Oui, mais avec une différence fondamentale. Pour schématiser, je dirais qu'une fille peut éprouver du plaisir, parfois un sentiment de triomphe, quand un garçon lui fait la cour. Alors qu'un garçon, dans la même situation, sent surtout qu'il ne peut pas en rester là. Une fille pourrait se contenter de cette situation, qui prouve son importance, alors qu'un garçon, avec sa propension à être plus actif, se doit de réagir, soit en répondant à la fille, soit en lui disant : « Ça ne m'intéresse pas ». C'est pour cela que certains garçons se sentent véritablement agressés quand des filles les « collent », comme ils disent. **Ils se sentent atteints dans leur rôle masculin, parce qu'elles les privent de prendre l'initiative.**

Cela dit, il y a des garçons qui se précipitent trop ! Certains ont vite fait de considérer qu'à la moindre marque d'attention ou de sensibilité à leur égard, ils peuvent passer à l'acte. Ils envisagent des relations sexuelles

Les filles sont plus vite femmes que les garçons ne sont hommes.

dès qu'une fille leur plaît et dès qu'ils plaisent à une fille. Mais la séduction, ça existe !

Les filles que les garçons traitent d' « allumeuses », que veulent-elles ?

Pour les garçons, une fille est une allumeuse quand elle les séduit et ne fait que les séduire. Pour eux, c'est insupportable : une fois attirés, ils sont remerciés, « jetés ». **Une jeune fille qui adopte ce comportement cherche à se rassurer sur sa capacité à séduire, mais elle craint de se laisser déborder par des émotions, des sentiments.** Elle hésite à aller plus loin dans une relation, parce qu'en allant plus loin, elle risquerait de trop s'engager, ou de s'investir plus profondément que le garçon.

Est-il vrai que les filles sont plus mûres que les garçons ?

On peut dire qu'il y a presque deux ans d'écart entre la maturation physique et psychologique des garçons et celle des filles. Les filles sont plus vite femmes que les garçons ne sont hommes. Cela rend la période du collège délicate et explique que certaines adolescentes sont attirées par des garçons plus âgés. Elles voudraient vivre une relation amoureuse plus profonde, pendant qu'au même âge les garçons se donnent une contenance avec des jeux virils, un vocabulaire grossier. Mais les filles n'auront pas forcément longtemps à attendre : **dès qu'ils auront trouvé une relation plus sereine, une copine qui les rassurera, ils n'auront plus besoin de jouer aux durs.**

Est-ce cette différence qui complique leurs relations ?

Oui, c'est cette différence de maturité, et aussi leur peur de se laisser aller ! **Les garçons, comme les filles, voudraient bien se rapprocher, mieux se connaître ; mais comment faire, avec ce manque de confiance en soi, cette peur du jugement de l'autre ?** C'est comme si une petite voix leur murmurait : « Il (ou elle) va voir tous mes défauts...» Cette inquiétude rend les relations filles-garçons compliquées, mais elle est inévitable. Il faut oser, se risquer, aller de l'avant pour s'apercevoir que rien n'est tout noir ou tout blanc, qu'on n'est jamais aussi mauvais(e) et insuffisant(e) qu'on veut le croire. Peut-être faut-il avoir moins d'idéaux grandioses et accepter nos imperfections qui n'enlèvent rien à notre charme ? C'est souvent cela que l'on découvre dans une relation ! Encore faut-il qu'on essaie de la vivre...

« C'est quoi, l'amour ? »

on se dit tout

« Je connais une fille qui veut sortir avec moi. Au début, j'ai dit non, car je la connaissais à peine. Maintenant, c'est différent : j'ai réfléchi et je l'aime beaucoup. Seulement, ce n'est pas de l'amour ! Alors je ne sais pas quoi faire. De plus, je ne suis jamais sorti avec une fille. Si vous avez quelques tuyaux, ce serait super sympa de me les donner. »
Stéphane

« Quand on sort avec une fille, ça finit souvent mal, et c'est toujours elle qui rompt. Du jour au lendemain, c'est fini, simplement parce qu'elle a envie de changer. Elle se fait allumer par un autre garçon, et voilà, c'est terminé, alors que ça ne sera pas forcément mieux avec lui. J'aimerais savoir pourquoi ce sont toujours les filles qui nous plaquent. »
Edgar, 14 ans

« Dès que je vais vers une fille, je me sens un peu gêné et je deviens hyper macho, vulgaire ! Je frime, mais je suis un grand sentimental. »
Raoul, 14 ans

« Je suis en 4e, et j'ai peur de sortir avec des garçons. Ça fait le deuxième qui me demande de sortir avec lui et, quand je veux l'embrasser, j'ai peur de le faire. Tout le monde se moque de moi. »
Anonyme

« J'aimerais savoir comment on se rend compte qu'on est amoureux ou amoureuse. Parce qu'il y a un garçon par qui je suis obsédée, et un ensemble de détails me font penser que je suis peut-être en train de tomber amoureuse. Ce serait sympa si vous publiiez un test ou un truc du genre pour nous aider, parce que je pense que pas mal de jeunes sont dans mon cas. »
Pascalita

« J'en ai marre, je suis en 3e, et je n'arrive pas à draguer, alors que tous mes copains sont déjà sortis avec plusieurs filles. À chaque fois que je veux demander à la fille que j'aime si elle veut sortir avec moi, je deviens rouge comme une tomate et elle s'en va en riant. »
Sylvain, 15 ans

« Je préférerais que ce soit les garçons qui fassent le premier pas, mais il faut bien qu'on s'y mette ! Ils roulent des mécaniques et en fait, ils osent moins que les filles ! »
Valérie, 13 ans

« Je préfère que ce soit le mec qui fasse le premier pas, c'est tellement plus romantique ! Moi, j'envoie des signes, mais après, c'est à lui de réagir. Jamais je ne pourrais aller voir un garçon et lui dire ce que je ressens. »
Katell, 14 ans

« J'ai un problème, je ne sais pas quand je suis amoureuse. Hier soir, à une boum, j'ai dansé deux fois avec le même mec sur la musique de Titanic. En la réentendant aujourd'hui, ça m'a fait drôle…
Mais, je ne sais pas si je suis amoureuse. Cette nuit, j'ai rêvé de lui : parce que je l'aime ou juste parce que j'y pense sans arrêt ? À quoi reconnaît-on le vrai amour ? »
Nataly, 14 ans

« Je voudrais avoir des informations sur la façon d'embrasser les garçons. Car dès qu'un garçon veut m'embrasser, je stresse, et on casse. Je pense qu'on n'est pas obligé d'embrasser pour être ensemble, mais comme je tiens à mon petit copain, je ne veux pas le décevoir. Et je voudrais savoir si d'autres filles connaissent les mêmes difficultés que moi. »
Agnès

on se dit tout

« J'ai rencontré un garçon en juin. Seulement voilà : on ne s'est jamais vus ! Il vit en Belgique, et moi en France. Je l'ai rencontré sur Internet, on se téléphone, on s'écrit. J'ai du mal à vivre cet amour à distance. J'hésite à lui envoyer une photo de moi : je suis un peu enrobée, et j'ai peur que ça le repousse. Il dit que, pour lui, je suis la plus belle. Je crois qu'on ne pourra jamais se rencontrer. Ça me fait beaucoup de peine. Et si je rencontre un autre garçon au collège, comment vais-je faire ? »
Karine

« Moi, mon problème n'est pas vraiment comme celui des autres filles. Mes amies me demandent tout le temps quel gars je trouve beau, mais le problème n'est pas là, le problème est que je ne trouve aucun gars beau. Autrement dit : je n'ai jamais aimé un gars dans mes 11 ans de vie… et je n'arrive pas à le faire comprendre à mes amies. »
Anne

« Est-ce qu'on peut aimer un garçon à distance ? Cet été, j'ai rencontré un garçon super, et je me demande si cela va durer. Ma mère dit que je suis un peu jeune pour être amoureuse. Mais il n'y a pas d'âge ! Tu crois que mon copain et moi, ça peut durer, malgré les 800 kilomètres qui nous séparent ? »
Sophie, 12 ans et demi

« Je ne comprends rien aux histoires de garçons et de filles. Pouvez-vous m'expliquer pourquoi les filles et les garçons sortent ensemble quand ils ont entre 12 et 15 ans en général ? J'ai envie de leur demander : À quoi cela vous sert ? Vous ressentez peut-être quelque chose, mais à mon avis, ce n'est que de l'amitié profonde. Dans mon collège, ils ne pensent qu'à cela, mais c'est juste pour se faire bien voir des amis. On est trop jeunes. Attendez de mûrir encore un peu avant de vous lancer. Je ne dis pas que je n'ai jamais rien ressenti, mais si je commençais à sortir avec des garçons, cela finirait mal, et il n'y aurait plus d'amitié. »
Delphine, 14 ans

« Je t'écris, car on me complimente souvent sur mon physique. Mais je n'y prête pas beaucoup d'attention. Je pense qu'un garçon ne dirait pas non pour sortir avec moi (d'ailleurs, il me trouve mignonne). Pourrais-tu me donner des conseils pour impressionner un garçon par ce que je suis vraiment (je veux dire : plutôt mentalement que physiquement) ? »
Véro

« Lorsqu'un garçon me plait, je fais mon possible pour qu'il me remarque. Et s'il me résiste, ça me donne encore plus envie de réussir. Je m'acharne. Et dès que je sors avec lui, je suis contente, car j'ai enfin réussi. Mais, peu après, je me lasse, et il me fait pitié. Je regrette ce que j'ai fait, et je casse. Je crois qu'il n'y a plus rien d'intéressant, puisque j'ai réussi. Heureusement, je m'en suis rendu compte à temps, avant de faire d'autres bêtises de ce genre. J'ai décidé de ne plus jamais m'intéresser aux garçons. Est-ce la bonne solution ? »
Anonyme

« Moi, j'aime bien draguer ! Dire à une fille qu'on l'aime bien, ça fait une montée d'adrénaline, c'est super comme sensation ! Pour certains, c'est le saut à l'élastique, pour moi, c'est la drague ! »
Franck, 12 ans

« J'ai un petit problème. J'ai peur que Sibylle (ma copine) me dise qu'elle ne m'aime plus. Je l'aime depuis la 6e (là, on est en 3e), mais on ne sort pas ensemble, car on est aussi les meilleurs amis depuis la 4e. En fait, grâce à notre amitié, un amour s'est enclenché. On ne veut pas sortir ensemble, car on n'a pas envie de tout casser en cas de problème. Donc, mes questions sont : Est-ce que cet amour va durer longtemps ? Que faut-il faire pour le faire durer ? Je pense à elle 24h/24, même dans mes rêves. »
Renato

« Je préfère grave que ce soit les filles qui fassent le premier pas ! C'est plus facile, on n'a rien à faire, et surtout… ça évite de se prendre une veste… »
Sidi, 13 ans et demi

l'amour, ça fait peur et envie

L'amour, c'est toute la vie… Ne rougissez pas ! Vous n'êtes pas le seul (la seule) à ne penser qu'à ça… ou presque ! Chansons, films, romans n'en finissent pas de broder de passionnantes histoires d'amour. Cet amour qui fait tourner les têtes, valser les cœurs, et sourire la vie. Car vous êtes – nous sommes tous – ainsi faits : nous vivons pour aimer et nous aimons pour vivre. Petits, l'amour de vos parents vous a comblés et fait grandir. Maintenant que vous êtes grands, vous avez besoin d'autres attachements : ainsi va la vie qui vous prépare peu à peu à tisser des liens forts à l'extérieur de votre famille.

Ça donne des ailes…

● C'est comme si vous aviez un cœur gros comme ça, gonflé d'amour, prêt à s'embraser ! Et quand on doute un peu de soi, ou qu'on a besoin d'être rassuré sur son apparence et sur sa personnalité, sentir qu'on pourrait être remarqué, et même aimé, donne vraiment des ailes. Bien sûr, vous pouvez compter sur vos ami(e)s fidèles ; mais est-on jamais assez aimé ? À l'heure où l'on se sent devenir femme, rien ne remplace le regard d'un garçon pour se trouver confirmée dans sa féminité. Et ce jeu de miroir fonctionne également au masculin.

Faire semblant d'aimer pour faire comme les autres, à quoi ça rime ?

C'est chacun son tempo

● Pour autant, chacun apprivoise l'amour à sa façon : en l'imaginant, en le rêvant, en devenant très ami avec quelqu'un, en étant secrètement amoureux, en faisant le premier pas... Il n'y a pas de règle à suivre et pas d'obligation de « sortir avec » ! Il y a juste – et c'est l'essentiel – des sentiments que l'on éprouve... ou que l'on n'éprouve pas !

● Car, franchement, faire semblant d'aimer pour faire comme les autres, ou pour ne pas passer pour le dernier des timides, à quoi ça rime ? Peut-être à tester ou à vérifier ses talents de comédien ? Mais en aucun cas à vous sentir complètement chamboulé(e) parce qu'il ou elle vous a souri, vous a donné rendez-vous, ou... vous manque déjà.

C'est mieux se connaître

● Ce n'est pas si facile d'aimer. D'abord, on peut se tromper, cela arrive : on croyait être amoureux, puis, passé les premiers moments d'excitation, on ne sait plus quoi se dire. Peut-être qu'en fait, on n'aimait pas vraiment quelqu'un, mais plutôt l'idée d'être amoureux ! Prendre le temps de faire connaissance, de discuter ciné, musique, rêves ou passions peut éviter ce genre de désillusion.

● Certains l'ont tellement bien compris qu'ils avancent « masqués », sur Internet. Rencontre sur un « chat », puis échanges de messages : la communication numérique permet d'entrer dans une vraie relation, tout en restant dans le rêve ou l'imagination. Là, au moins, la dure réalité du look, de l'acné ou du regard des autres ne vient pas casser l'envie d'aimer ! Ça peut être une étape avant d'oser prendre le risque d'une vraie rencontre *...

* Parfois, des adultes malintentionnés se font passer pour des jeunes sympa, entrent en contact avec des ados et proposent des rendez-vous. N'acceptez jamais une rencontre ailleurs que dans un endroit très fréquenté, et faites-vous accompagner la première fois.

pour aller plus loin

Pourquoi le besoin d'amour s'exprime-t-il si fort à l'adolescence ?

Parce que c'est un moment où l'on cherche passionnément qui l'on est et ce que l'on va devenir. Enfant, on a grandi bercé, porté par l'amour de ses parents. À l'adolescence, tout en gardant un lien privilégié avec eux, on ne peut plus avoir la même relation. On a besoin de s'affirmer, tout en affirmant que l'on n'est plus un enfant. Alors, poussé par ce désir d'amour et toutes les tensions créées par une sexualité qui s'éveille, **on cherche à nouer une relation intense avec quelqu'un de semblable à soi.** D'où cet appétit d'amour, cette envie de se sentir amoureux : il y a comme une urgence à aimer à l'adolescence.

Une amitié forte ne peut-elle pas suffire ?

L'amitié peut être très forte, très importante, mais ne pas suffire, car **elle ne représente pas un engagement aussi intime que l'amour.** L'inquiétude, le doute, l'impatience de savoir qui l'on est donnent au besoin d'être aimé, qui nous accompagne toute la vie, une intensité nouvelle lors de l'adolescence. Cette intensité fait de la relation amoureuse un moment de découverte fulgurante : soudain, on sait qui l'on est, on sait ce qu'est la vie. Comme si on s'était enfin reconnu(e) dans les yeux de son amoureux(se) : oui, c'est bien moi qu'il (elle) aime, oui, c'est bien lui (elle) que j'aime.

Est-ce pour cela que surgit la question : Le grand amour existe-t-il ?

Cette attente du grand amour correspond à une vitalité que l'on a en soi. Elle est aussi associée à un certain manque de confiance en soi, **comme si le grand amour était ce qui allait nous combler, nous donner tout ce qui nous manque.** Mais il est important de comprendre que la richesse de la relation amoureuse naît de la rencontre : on a au fond de soi une réserve de sentiments très forts. Leur force va se multiplier en rencontrant une autre réserve de sentiments, celle de notre amoureux. On ne peut donc pas attendre de l'autre qu'il vienne nous combler, en se disant : « Un jour, comme dans un conte de fées, le prince charmant viendra tout m'apporter, je serai comme la belle au bois dormant et, quand je me réveillerai, j'aurai tout ce qu'il faut pour lui plaire... » Non ! Il ne faut pas dormir en attendant la rencontre qui permettra de vivre le grand amour ! Il faut au contraire se donner les moyens de se valoriser : vivre différentes expériences avec des copains, des amis, acquérir des outils et des connaissances, apprendre petit à petit à se connaître. L'amour colore la vie comme le printemps réveille la nature ; mais il ne faut pas oublier que, durant l'hiver, la nature s'est préparée au printemps... **L'amour révèle nos potentialités, mais il faut qu'elles existent, qu'on ait pris le temps de les développer.** L'amour ne tombe pas du ciel !

Chacun a au fond de soi une réserve de sentiments très forts.

Est-ce qu'avoir des copains, des amis, des relations différentes peut faciliter le passage à une relation amoureuse ?

Bien sûr ! L'échange avec les copains, les amis, permet d'expérimenter différentes situations et différents sentiments, de mieux se comprendre, tout en comprenant les autres. Il est impossible d'apprendre à vivre uniquement dans sa tête, dans des livres ou par le cinéma et la télé. **Il faut réellement éprouver des émotions pour mûrir et se construire solidement.**

Certains se demandent s'ils sont normaux, car ils n'ont pas encore eu d'amoureux.

Qu'ils se rassurent, ils sont même très forts ! Car affirmer sa différence demande du courage, alors que suivre les autres, c'est la facilité ! Ils ont raison de ne pas faire ce qu'ils n'ont pas envie de faire. Il n'y a rien de plus normal que de respecter son rythme ! Cela leur plaira beaucoup plus et les rendra beaucoup plus heureux de sortir avec quelqu'un quand ils se sentiront prêts à le faire. Bien sûr, **ils ont hâte de faire des expériences, mais elles seront d'autant plus fortes et enrichissantes pour eux qu'ils les vivront en étant en**

accord avec eux-mêmes. Il n'y a pas urgence : ils ont quelques années devant eux.

Certains ados se plaignent de la réaction de leurs parents : « Tu es trop jeune », « Ce n'est pas sérieux. » Leur histoire d'amour ne peut-elle pas être sérieuse ?

Elle peut tout à fait être sérieuse pour eux ! Les adolescents éprouvent des sentiments très forts, très profonds. Il n'y a aucune raison de ne pas respecter cela. Pour autant, faut-il vraiment qu'ils ne se quittent plus ou qu'ils se téléphonent sans cesse dès qu'ils sont séparés ? Le rôle des parents est aussi de rappeler ces limites : une relation demande du temps pour grandir, et elle se nourrit de confiance. Pas besoin de s'assurer constamment que l'autre est au bout du fil, qu'il pense à vous… Il ne faudrait pas devenir dépendant d'une relation amoureuse comme d'une drogue, et que plus rien d'autre n'existe. Elle ne doit pas vous empêcher de profiter de ce qui vous nourrit par ailleurs : les relations familiales et amicales, les apprentissages au collège, le sport, la musique… **Tout délaisser pour vivre uniquement dans le présent d'une histoire d'amour mène à une impasse** : finalement, on ne se sent plus enrichi par la relation, mais enfermé et dévalorisé.

À l'adolescence, il y a comme une urgence à aimer.

Comment savoir si l'on est prêt pour des relations sexuelles ?

On peut être tenté de se décider trop tôt, parce qu'on est pressé de faire ses preuves, de savoir ce que l'on vaut, parce que d'autres en parlent… Pourtant, **si l'on n'est pas prêt dans sa tête et dans son corps, la déception l'emportera.** Je dirais, pour donner un point de repère, qu'il faut au moins attendre la fin de la puberté et en avoir parlé avec son amoureux. Il est important de le décider à deux, en se disant qu'on a la possibilité d'attendre, de s'attendre l'un l'autre, puisqu'on s'aime. C'est dommage de se laisser dépasser par les événements ou de se précipiter. **Les relations sexuelles engagent l'ensemble de la personnalité.** Ce ne sont pas de simples relations physiques, où les garçons sont censés faire des prouesses, comme le laissent croire les films porno. C'est le partage de ce qu'on a de plus intime. Pour pouvoir le vivre profondément, il faut prendre le temps de se découvrir mutuellement, et apprendre à se respecter, à s'écouter ; il faut être en confiance.

Une relation demande du temps pour grandir.

Si l'on se sent trop jeune, trop fragile, il faut vraiment s'autoriser à dire non. **Les filles se sentent souvent plus profondément engagées par une relation sexuelle que les garçons.** Pour elles, cela peut être vécu comme un don total. Si elles ne s'estiment pas prêtes, oui, elles ont le droit de préférer attendre.

Quand une histoire d'amour très forte se termine, comment ne pas s'effondrer et ne pas penser que plus jamais on ne pourra autant aimer ?

C'est vrai, l'autre semble tout emporter avec son départ. Mais il n'emporte pas notre personnalité. Toute la richesse, toute la force des sentiments que l'on a en nous, qui ont été révélés par cette rencontre, resteront toujours en nous. **L'impression de ne plus avoir d'envie d'aimer, comme si quelque chose en nous était cassé, provient de la déception.** La déception semble tuer les racines du désir, pourtant il demeure. C'est comme quand on a rendez-vous avec quelqu'un et que l'on est très impatient : il arrive tellement en retard qu'on n'a presque plus envie de le voir. Et l'on devient désagréable avec lui pendant un moment, avant de s'apaiser et de retrouver le plaisir d'être avec lui. Là, le désir d'aimer renaîtra avec une autre personne, lors d'une autre rencontre, enrichie de l'expérience précédente et nous révélant d'autres facettes de notre personnalité. Mais ça, on ne peut le découvrir qu'en le vivant !

Le désir d'aimer demeure toujours. Il renaîtra avec une autre personne, lors d'une autre rencontre.

« Je peux être différent, oui ou non ? »

on se dit tout

« Dans ma classe, un garçon est rejeté pour des raisons très bêtes. Il ne s'habille pas à la mode et il se fait traiter tout le temps de "bouffon". Tout le monde se moque de lui. Sa mère m'a dit que chaque soir, il pleurait en rentrant du collège. Il nous est tous arrivé de nous moquer de lui, et je le regrette. Que dois-je faire ? »
Dimitri, 12 ans

« J'aime la musique classique et la chanson française. Je pratique des sports ringards : le trekking, le hand-ball, je suis passionnée de ski et de cyclisme, alors que le surf et le roller sont plus fun ! J'adore le théâtre, les voyages culturels et les livres. Je ne trouve pas Di Caprio beau. Je me fais traiter de bébé, car je ne suis fan d'aucun acteur soi-disant craquant. »
Tatiana

« Je voudrais absolument un téléphone portable. Dans ma classe, presque tout le monde en a un, et pas moi. Mon père me dit : à quoi ça sert, à ton âge ? »
Raphaël, 14 ans

« On se moque de moi car je suis un peu pauvre, habillée pas très à la mode et je ne porte pas de marques ! J'en ai assez ! À croire que c'est obligatoire de porter des vêtements de ce genre, juste pour se faire respecter, et pour frimer ! À chaque fois, c'est pareil : insultes, commentaires désagréables, bousculades... »
Sabrina

« Presque tous mes copains me mettent dans des situations désagréables, ils m'obligent à faire des bêtises. Si je leur dis d'arrêter, ils me disent que je suis nul, que je suis même pas capable de faire un petit truc de rien du tout, et ils me menacent de ne plus être mes copains. »
Adrien, 12 ans

« J'en ai marre ! Dans ma classe de 6e, je suis premier avec 18,21 de moyenne. Tout le monde me traite d'intello. Ça m'énerve ! Ils se moquent, ils rigolent. Tout le monde croit que je passe mon temps à travailler, mais c'est faux ! J'aime l'ordinateur, la Playstation, la télé, le foot. Je suis normal. »
Till

« J'ai l'impression que la règle d'or pour devenir populaire, c'est faire sa racaille et se moquer des intellos juste pour draguer les filles. Je trouve ça nul. »
Geoffroy

« Depuis deux ou trois ans, je ne suis plus moi-même. Je copie tout le temps sur les autres : leurs goûts, leur tenue vestimentaire, leur manière de travailler. »
Anonyme

« Mes parents ne veulent pas que je me fasse percer le nombril. Chaque fois que je demande à ma mère, elle me dit non, et elle me dit que si je veux le faire, je n'ai qu'à attendre d'avoir 18 ans ! »
Margaud, 13 ans

« Depuis quelque temps, plein de copines me disent qu'elles ont fumé. Moi aussi, j'aimerais bien essayer, mais j'ai peur des conséquences (si mes parents le remarquent, si j'y prends goût) »
Clémence

« Mes ami(e)s ne m'acceptent pas comme je suis. Je suis gothique, et ils me prennent pour une barje. J'en ai marre des ricanements derrière mon dos, des surnoms, genre "sorcière". Eux sont stéréotypés, superficiels. Je n'aime pas ce comportement de mouton, mais s'ils sont comme ça, je fais avec. Je ne vois pas pourquoi ils ne font pas pareil avec moi. En général, les gens ont peur de ce qu'ils ne connaissent pas. Aide-moi à m'imposer comme je suis. »
Laurence, 14 ans

Le droit à la différence !

Les gothiques ? montrés du doigt ! Les « sans-marques » ? ignorés ou humiliés ! Les intellos ? moqués et exclus ! Reconnaissez-le, vous n'êtes pas tendres les uns envers les autres : ceux qui ne font pas comme tout le monde s'en prennent plein les oreilles. Alors que vous êtes souvent les premiers à vous mobiliser contre le racisme et pour plus de solidarité, vous vous montrez parfois dans la cour du collège capables de la plus terrible intolérance. Preuve supplémentaire de votre esprit de contradiction ?

Les messages du look

● Que vous soyez gothique, classique ou top mode, votre apparence semble compter énormément pour vous. Vous savez qu'elle donne une première idée de vous : votre look est en quelque sorte votre messager. Il révèle des éléments de votre personnalité, vos goûts, parfois même votre humeur, sérieuse ou festive, ou votre attitude, sophistiquée ou négligée. Certains en jouent beaucoup, ils adoptent une allure particulière pour s'affirmer et se distinguer des autres. À moins qu'ils ne se cachent ou se protègent derrière leur look, car attirer les regards sur son aspect extérieur constitue une bonne stratégie pour faire oublier tous les changements incontrôlables qui s'opèrent à l'intérieur de son corps. Stratégie qui permet en plus de rester tranquillement entre semblables, en tenant les autres à distance.

Derrière les apparences

● Une personnalité ne se résume pas uniquement au fait d'avoir tel ou tel look ou de porter toujours les dernières baskets à la mode ! Pourtant, ceux qui n'ont pas les moyens de s'offrir des marques ou n'en ont pas la moindre envie, le paient souvent cher. Comme si vous leur reprochiez de ne pas se conformer aux habitudes et à la loi du plus grand nombre ! C'est un phénomène psychologique et social connu : entre personnes semblables, on a tendance à se regrouper pour se sentir plus forts, et on accepte mal ceux qui agissent différemment. Un phénomène qui prend toute sa force à l'adolescence, en se focalisant sur l'apparence, mais aussi sur d'autres manifestations de la personnalité : les choix musicaux, le comportement au collège, etc.

Ceux qui ne font pas comme tout le monde s'en prennent plein les oreilles.

La différence dans la discrétion

● Pourtant, si vous aimez Céline Dion ou Beethoven, vous n'allez pas faire semblant de les détester ! Si vous avez des facilités pour apprendre, vous n'allez pas devenir une « racaille » pour être populaire ! Les intellos sont mal vus au collège ? Ils le sont d'autant plus qu'ils sont enviés… Être intello n'est pas un défaut. Ce qui peut l'être, c'est de mépriser ceux qui réussissent moins bien. Peut-être pouvez-vous les aider à bosser leurs maths ou leur anglais ? Essayez de vous trouver des goûts communs : ping-pong, télé, astronomie. Distinguez les vrais copains, qui méritent de vous connaître vraiment, des camarades de classe avec qui vous parlez de tout et de rien à la récré… et continuez à cultiver vos passions en secret en attendant de pouvoir les partager.

pour aller plus loin

Être soi-même à l'adolescence, est-ce possible ?

C'est le souhait le plus cher de tout adolescent. Seulement, voilà : être soi-même, c'est être qui ? Celui qu'on a été pendant l'enfance ? Celui qu'on est maintenant ? Celui qu'on voudrait être ? Car, **à l'adolescence, on est en devenir,** en changement, en quête de soi. Voilà pourquoi on teste parfois plusieurs styles, plusieurs attitudes. **On procède par essais-erreurs : on teste des hypothèses de soi.** On n'hésite pas à aller loin sur cette voie : jupes trop courtes, pantalons trop larges, tête rasée ou cheveux multicolores, foot plutôt que solfège, langage vulgaire, ton méprisant… **Quitte à choquer les parents** et les autres adultes pour provoquer leurs réactions. La provocation et la recherche de l'opposition sont deux façons d'aller trop loin, avant de reculer un peu sous le regard ou la pression des adultes, pour mieux se trouver.

Avoir envie de ressembler à plusieurs personnes très différentes, est-ce que ça aide à se trouver ?

Oui, car **on a pour soi-même des désirs multiples** : on voudrait avoir la force de tel athlète, la générosité de telle personnalité, l'intelligence de tel prof, la discrétion de tel adulte… On se lie d'amitié avec des personnes parfois extrêmement différentes : l'une pleine de fantaisie, l'autre très organisée et rationnelle. Comme si l'on n'arrivait pas à se décider entre deux aspects opposés de sa personnalité.

Ceux qui disent : « Je suis comme ci, et pas autrement » sont en réalité en pleine recherche. Mais comme c'est déstabilisant, ils prennent des tons très fermes et des allures très déterminées pour masquer leurs doutes sur eux-mêmes. **Pour mûrir, il faut accepter d'être évolutif** : nous sommes tous plein de contradictions, qui sont très humaines.

> **Alors qu'ils se disent tolérants, certains deviennent véritablement intolérants.**

Mais, puisqu'ils veulent être eux-mêmes, pourquoi ont-ils du mal à tolérer ceux qui sont eux-mêmes en ne leur ressemblant pas ?

C'est tout le paradoxe ! Alors qu'ils se disent tolérants, certains ados deviennent véritablement intolérants, cruels même, avec ceux qui ne se comportent pas comme eux. Ils ne les supportent pas, car, **lorsqu'on n'est pas très sûr de soi, on se sent mis en cause dans sa façon d'être par ceux qui sont trop différents de soi.**

À en croire les témoignages exprimés par les lettres, l'intolérance se manifeste surtout à l'égard de ceux et celles qui n'ont pas le « bon look ». Pourquoi ?

Parce que **le souci de l'apparence** est l'une des caractéristiques de l'identité adolescente. Autrefois, il existait une sorte de tenue réglementaire, « correcte », pour aller au collège, et beaucoup moins de choix. Ce que l'on portait ne revêtait pas une signification particulière, on n'y attachait pas d'importance. Aujourd'hui, la variété dans la coupe, la couleur, la marque, le prix est si grande, que porter tel ou tel vêtement signifie quelque chose. En fait, la grande liberté d'habillement qu'ont les ados s'est transformée en terrible contrainte pour eux : **il leur faut respecter le stéréotype de l'ado.** Car, parallèlement, avec le spectaculaire développement des moyens d'information, s'est diffusée une image stéréotypée de l'ado. **Cette tyrannie du look** est particulièrement violente. Elle peut suffire à exclure quelqu'un du groupe, parce qu'il a été jugé au premier coup d'œil, sans avoir pu s'exprimer et se faire connaître.

Être soi-même, c'est être qui ?

Comment réagir face à de tels rejets ?

Tout dépend de la personnalité de l'adolescent, de son environnement. Être rejeté peut être très pénible, mais dramatiser ne sert à rien. Ceux qui excluent les autres en se montrant intolérants n'expriment pas une force, mais une rigidité, due à leur manque d'assurance. Car, **quand on est sûr de soi, on est ouvert.** La force du groupe n'est donc qu'apparente. Dans un groupe, il y en a qui se sont laissés entraîner par conformisme, pour faire comme les autres. Il y en a aussi forcément qui sont proches de vous. Si vous affichez une certaine tranquillité, ils finiront par moins se préoccuper de votre apparence, et votre personnalité prendra petit à petit le dessus. Dans ce genre de situation d'exclusion ou de rejet, il est important de trouver des appuis, dans le milieu scolaire et dans sa famille. Il doit être possible d'en parler à un adulte du collège, et de suggérer un débat sur la tolérance.

D'autres sont rejetés à cause de leur réussite scolaire : ne peut-on pas être à la fois intello et populaire ?

Le succès fait envie à tout le monde ! Et, quand on est sûr de ne pas l'avoir, l'un des moyens de ne pas se dévaloriser est de critiquer ceux qui l'obtiennent ! Il serait plus simple de reconnaître cette envie de succès et de réaliser aussi qu'il n'est qu'une des facettes d'une personnalité.

Pourquoi opposer l'intello et le populaire ? **L'équilibre vient du mélange** : certains sont plus intellos, d'autres plus populaires, cela fait la richesse d'un groupe. Cela varie aussi d'une année sur l'autre, d'une classe à l'autre. **Ce serait une erreur que de se coller une fois pour toutes une étiquette** « je suis intello » ou « je suis populaire ». Au contraire, il est bon de penser : « Je peux allier les deux », même si c'est plus déstabilisant que de se dire : « Je n'ai pas de notes suffisantes, mais, puisque je ne suis pas un intello, je ne peux rien y faire ! » Celui qui n'apprend pas et reste bloqué sur ses certitudes, se prive **des outils qui vont lui permettre de grandir solidement** et le rendre plus libre, pour mieux décider de son avenir.

Est-ce aussi pour mieux s'intégrer dans un groupe que l'on se met à fumer ?

Oui, au départ, on fume pour faire comme les copains et pour montrer qu'on a grandi. Avoir une cigarette à la main donne l'apparence d'être plus grand, plus fort. Pourtant, la cigarette n'exprime pas une force, mais une faiblesse. Une faiblesse qui peut se manifester plus tard par de la déprime ou la toxicomanie. Comme si ceux qui commencent à fumer tôt cherchaient avec la cigarette à dissimuler un certain mal-être. Cette faiblesse est accrue par le fait que **nous ne sommes pas égaux face à la nicotine,** ni face au cannabis, ou à l'alcool. Selon notre capital génétique, l'effet de ces toxiques va être très différent. Ainsi, la nicotine sera évacuée très vite par certains, qui deviendront donc moins dépendants. D'autres, au contraire, vont la stocker et devenir plus dépendants. Cette inégalité génétique explique aussi pourquoi tel ou tel ado se fait emporter beaucoup plus loin qu'il ne l'aurait souhaité. Voilà pourquoi il faut essayer de ne pas céder à la tentation des cigarettes. **Fumer n'est pas un geste banal et on en devient plus captif qu'on ne le croit.**

La cigarette n'exprime pas une force, mais une faiblesse.

Toutes les questions que l'on se pose sur soi, par rapport aux autres, ne pourraient-elles pas se résumer en une seule : Suis-je normal (e) ?

Oui, on ressent des contradictions si fortes, on a parfois des goûts et des envies si divergents, que l'on se demande : Suis-je normal ? On aimerait être le meilleur, mais on ne se sent jamais à la hauteur. On aimerait vivre une expérience amoureuse intense, mais on le redoute en même temps, car on a peur de perdre le contrôle. On ne sait pas trop si on est attiré par quelqu'un du même sexe ou de l'autre sexe… On se sent comme poussé par des forces inté-

Difficile d'accepter des envies et des goûts si contradictoires.

rieures, mais on ne sait pas encore dans quel sens elles nous mèneront. **Il ne faut pas s'enfermer dans l'idée qu'on est seul à vivre ça**, ou que ces forces ne sont pas normales. En parler à un adulte peut permettre de comprendre que c'est aussi ça, l'adolescence : être grandi(e) par des forces, parfois violentes, qui rendront possible l'expression de soi.

« Au secours, arrêtez-moi ! »

on se dit tout

« J'ai fumé du shit pour la première fois cet été. Je trouve ça stupide, mais j'aime bien fumer quand je fais la fête. De toute façon, je ne suis pas accro et je n'en achèterai jamais : j'ai confiance en moi et je sais qu'il y a des choses auxquelles il ne faut pas toucher. Mais je voudrais savoir quand même quels sont les effets du shit. »
Anonyme, 15 ans

« Je ne sais plus quoi faire, une de mes meilleures amies m'a dit un jour qu'elle ne supportait plus de vivre et qu'elle voulait mourir. J'ai peur de me retrouver à son enterrement ! Dois-je le dire à quelqu'un ? Elle m'a fait promettre de ne rien dire à personne. »
Une lectrice qui s'inquiète pour son amie

« Mon problème, c'est que je fais exprès d'avoir des problèmes. En ce moment, je fais exprès d'être anorexique, juste pour qu'on s'occupe de moi. Pourquoi je fais ça ? Est-ce que je suis folle ? »
Valentine

« Un soir, je me suis fait vomir sans penser que je le referais, mais quelques jours après, comme mon poids ne faisait que grimper de plus en plus, je l'ai refait, et encore et encore. Maintenant, plus je me regarde, plus je me trouve grosse, et plus je me fais vomir. J'ai mal au cœur, mon moral est en chute libre, j'ai mal au fond de la gorge. Que dois-je faire ? »
Une lectrice qui a besoin d'aide

« Je pique souvent des crises de boulimie, je mange tout ce qui me tombe sous la main et je ne peux plus m'arrêter. Après chaque crise, je culpabilise. Ma mère dit que c'est normal de manger, c'est parce que je grandis, est-ce vrai ? »
Nelly, 15 ans

« Il y a un an, entraînée par une copine, j'ai volé quelque chose dans un magasin. Malheureusement, ou heureusement, les antivols ont sonné, et je me suis fait prendre. Depuis, évidemment, je n'ai plus recommencé. Je voulais dire aux autres de penser aux conséquences de ce qu'ils font. »
Anonyme (fille)

« Il y a un mois, avec des potes, on a loué un film porno au vidéoclub. Depuis, je m'en veux. Je culpabilise et je n'arrive plus à dormir. »
Anonyme (garçon), 14 ans

« Je ne résiste jamais à l'idée de faire une connerie. J'ai commencé en faisant exploser des pétards près de l'école. Les flics m'ont fait la morale, mais ça ne m'a pas empêché de continuer. Au collège, des copains ont mis le feu aux toilettes sans se faire choper. Ce genre d'exploit, ça me tente… »
Gaspard

« Nous avons un copain qui tourne mal (genre voyou). Il s'est fait renvoyer du collège. Comment faire pour le raisonner ? Comment lui expliquer que ses nouveaux amis sont capables de voler, et pire ? Doit-on encore être ses amis ? A-t-il besoin de nous, ses meilleurs amis ? »
Trois filles et deux garçons, 12 ans

« Mon problème est simple : je n'ai pas de vie. Le matin, je me lève, je vais au collège ; le soir, je rentre chez moi, et voilà comment se passe ma journée, ma semaine, ma vie, en gros. Je vais me suicider si je continue ma vie comme ça. À l'aide. »
Anonyme (fille)

« J'étais sage et je vivais dans un quotidien de routine comme tout le monde. Mais, depuis cette année, je suis à fond dans le cannabis (je fume deux à trois fois par jour), le graff est ma passion, j'ai une trentaine de bombes. Je m'éclate vachement, mais comment faire pour arrêter ? Est-ce que ça peut gâcher ma vie ? »
Un jeune drogué en détresse

des sensations, mais des limites

Pas de panique ! Devenir ado ne signifie pas qu'on va, pêle-mêle, se mettre à fumer du tabac et du shit, multiplier les piercings sur le visage, manger ou maigrir jusqu'à s'en rendre malade, boire pour s'éclater la tête lors des fêtes et avoir des envies de mort… Non ! Mais entrer dans l'adolescence, cela signifie sentir que l'on n'est plus un enfant, et vouloir le montrer. Comment ? En essayant de nouveaux comportements, et en recherchant de nouvelles sensations. Certains vont parfois loin, trop loin, pour trouver qui ils sont. Au risque de se faire mal.

L'étape de la cigarette

● Malheureusement pour vous, les fabricants de cigarettes sont d'excellents fabricants d'images. Ils travaillent leur communication depuis si longtemps et avec tant d'inventivité, qu'ils parviennent, malgré la menace du cancer, malgré le coût exorbitant d'un paquet, à vous séduire. Pourquoi fumer, alors que chacun sait que « fumer tue » ? Parce que ce geste a été associé à différentes valeurs positives : la liberté (grâce au cow-boy figurant sur des paquets immédiatement identifiables), l'esprit d'aventure et le dynamisme (grâce aux raids et autres courses de Formule 1

Entrer dans l'adolescence, c'est sentir que l'on n'est plus un enfant, et vouloir le montrer.

sponsorisés par telle ou telle marque), et parce que les adultes ont le droit de fumer, eux. Pour toutes ces mauvaises raisons, à 15 ans, un ado sur trois fume. Comme si, une cigarette à la main, on gagnait en indépendance et en assurance !

À la recherche de sensations

● Grandir, c'est aussi vouloir tester ses nouvelles forces. Le sport, la musique ou d'autres activités peuvent en fournir de nombreuses occasions. Mais certains croient qu'il faut aller plus loin : chercher de nouvelles sensations à éprouver, ou bien vérifier si les limites posées par les parents ou la loi ont du sens. Frauder dans les transports en commun ou voler dans les magasins constitue pour eux une sorte d'examen de passage : on sait que c'est interdit, que c'est mal, mais on veut vérifier si on en est quand même capable, et se faire un peu peur. Certains apprendront à leurs dépens que la loi existe et qu'ils ne peuvent pas faire n'importe quoi. Le jeu avec l'interdit et la quête de sensations peuvent aussi conduire à goûter du hasch avec les copains, pour faire comme eux. Là, on flirte avec d'autres risques, bien réels : devenir accro, perdre toute motivation pour les études ou même fréquenter des dealers.

Chercher de nouvelles sensations à éprouver, ou vérifier si les limites posées par les parents ou la loi ont du sens.

Mal au corps

● Super, le miroir vous renvoie une image féminine et séduisante ! Génial, vos muscles s'étoffent, vous dépassez votre père ! Mais, aussi : horreur, ces boutons qui percent, ces kilos qui s'installent, ce physique qui s'impose. Les magazines, la télé, le ciné n'exposent que des beautés souriantes et longilignes, et il vous semble que jamais vous n'arriverez à contrôler ou aimer votre propre corps. À moins de perdre quelques kilos, puis quelques autres, encore et encore... Tatouages et piercings n'expriment-ils pas aussi une volonté de montrer qu'on est bien maître de son corps en l'ornant de marques perso ? Parfois, le refus des parents force à patienter, puis l'envie passe, et l'on se sent mieux dans sa peau.

pour aller plus loin

Quel est le point commun de toutes ces lettres ?

L'inquiétude ! On y devine la peur, celle de se sentir pris dans un engrenage, de ne pas être à la hauteur, de ne pas être aimé. Cette peur revient comme un leitmotiv. Dans leurs lettres, les adolescents nous font toucher du doigt **les deux angoisses fondamentales de l'être humain.** La première est **celle de ne pas compter,** de ne pas exister aux yeux des autres. La qualité du lien parental doit y répondre : au fond, on ne peut se sentir important que quand on a pu être important pour les autres, notamment pour ses parents. La deuxième angoisse est **celle de l'intrusion,** de l'envahissement : on a peur des autres qui, en s'occupant de nous, pourraient voir nos pensées secrètes, nos failles, et en être déçus. **Grandir, c'est aussi apprendre à gérer cette contradiction,** au cœur de l'être humain.

Chez certains, la peur de ne pas être à la hauteur, de ne pas être aimé est très violente.

Comment sortir de cette contradiction fondamentale : j'ai besoin qu'on s'occupe de moi, mais je ne supporte pas qu'on s'occupe de moi ?

La majorité des adolescents s'en débrouillent bien, sans y penser : quand on a suffisamment confiance en soi, on peut faire confiance aux autres. Mais, si cette sécurité intérieure n'existe pas, on va rechercher un semblant de contrôle, en adoptant certains comportements, en décidant par exemple de fumer du hasch. Avec ce produit, **on a le sentiment de maîtriser la situation**, puisque, lorsqu'on le prend, on se sent mieux. Au début, on a donc l'impression de se trouver, d'être soi-même. **Sans se rendre compte qu'on en devient dépendant** et que, petit à petit, on ne contrôle plus rien !

Alors, certains ados se mettraient en danger pour ne pas dépendre des autres ?

Oui, mais **cela ne se décide pas, cela s'impose aux adolescents qui ont une grande fragilité intérieure.** Ils ne trouvent pas d'autre issue à cette grande contradiction : « J'ai besoin des autres, mais parce que j'ai besoin des autres, je me sens menacé dans mon autonomie. » Vivant toute relation comme une menace, ils adoptent un comportement qui leur permettra **d'échapper au contrôle des adultes.** Comme si une petite voix murmurait en eux : « Ils (les parents, le médecin) voudraient que j'aille mieux, eh bien, non. Je ne peux pas répondre à leur désir, parce que je ne veux pas dépendre d'eux. En revanche, je peux aller plus mal : si je ne mange plus du tout ou si je mange trop, ou si je ne travaille plus du tout, ou si je suis à fond dans la drogue… Tout ça, je peux y arriver seul, sans dépendre d'eux. » Aller mal est pour eux une façon de prendre en main leur destin.

> Aller mal peut être une façon de prendre en main son destin.

Être adolescent, n'est-ce pas aussi avoir besoin de vivre des expériences fortes ?

C'est sûr, **on ne découvre pas qui on est sans éprouver de nouveaux liens, de nouvelles sensations.** La majorité des adolescents réalisent cette quête de soi **en trouvant suffisamment de plaisir dans la relation avec les autres** et lors des multiples occasions de la vie quotidienne. Lire, apprendre, rire, faire du sport, pratiquer la musique ou l'écouter, se détendre, jouer… tous ces moments constituent de véritables sources de plaisir. Selon leur tempérament, certains vont aussi chercher un peu plus loin leurs satisfactions : dans les sports de glisse, de combat, la vitesse ou bien la création musicale ou l'informatique. Et d'autres, qui n'arrivent pas à vivre des échanges de plaisir tranquille, courent sans fin après des sensations plus intenses.

Pourquoi certains semblent avoir un goût du risque particulièrement développé ?

Dans les lettres, des adolescents disent en effet : **ça me tente.** Ils savent bien qu'il ne faudrait pas fumer du hasch, ou boire pour se soûler. Ils se doutent que cela aboutit à **une**

impasse, mais, en prenant de tels risques, ils ont l'impression d'exister à fond. Ils trouvent des sensations fortes qu'ils ont peur d'aller chercher dans les relations avec les autres. Car **l'inquiétude** qu'ils ont en eux **transforme le plaisir de la relation en sentiment de dépendance à l'égard des autres.** Cela ne signifie pas qu'ils ont plus ou moins d'énergie que les autres ; cela signifie qu'ils ont une plus grande capacité d'angoisse ou de détresse : ils sont affamés d'expériences. Celles qu'ils ont emmagasinées durant leur enfance n'étaient peut-être pas assez nourrissantes. Or, lorsqu'on est affamé, on a souvent le sentiment que l'on n'arrivera jamais à se rassasier, on est donc tenté de manger le plus possible d'un coup, c'est-à-dire prendre des risques excessifs.

En prenant des risques, ils ont l'impression d'exister à fond.

Est-ce le même besoin de sensations fortes pour exister qui conduit des ados à voler, frauder, tricher ?

Tricher ou frauder, c'est refuser que nos désirs et la réalité soient distincts. On voudrait que tout ce qu'on souhaite se réalise ; ainsi, on ne manquerait plus de rien, on serait tout-puissant. Alors, **on refuse les interdits posés par la loi ou le règlement, parce qu'ils nous renvoient à nos propres limites** : on n'est pas tout-puissant, on est ce qu'on est, avec nos forces et nos faiblesses. Bien sûr, plus on est en sécurité intérieure, plus on se sent aimé, valable, plus on accepte nos faiblesses, et moins l'existence de ces limites posées par la loi ou les parents nous dérange. À l'inverse, plus on se sent faible intérieurement, plus on les supporte mal, car elles paraissent souligner nos propres failles. Alors, pour se prouver qu'on est plus fort, on fraude, on triche, on passe outre... Mais, si **cela procure une satisfaction temporaire, cela ne nous donne pas plus de sécurité intérieure.** De même, ceux qui volent recherchent une compensation, une reconnaissance, parce qu'ils estiment avoir droit à plus. Un peu comme les enfants qui vont voler quelques pièces dans le porte-monnaie de leur mère après la naissance d'un petit frère ou d'une petite

Tricher ou frauder, c'est refuser que nos désirs et la réalité soient distincts.

sœur… Ce bébé leur vole en quelque sorte leur maman, alors ils vont voler dans le porte-monnaie, comme pour reprendre possession d'elle. C'est une impasse, car ce que l'on dérobe n'est jamais vraiment à soi.

Comment faire la différence entre quelques expériences sans gravité et des expériences révélatrices d'un mal-être sérieux ?

Quand une expérience, quelle qu'elle soit (un sport extrême, un régime, des soirées avec cannabis ou alcool, des jeux en réseau…) n'est plus un choix, mais devient une contrainte, il faut y mettre fin. Avant d'être pris dans un engrenage. Au début, on a toujours l'impression de contrôler : on décide de se faire vomir une fois par jour, on fume du hasch une fois par semaine… Mais si, petit à petit, on se rend compte qu'on est amené à faire des choses dont on a plus ou moins honte, on doit **chercher les moyens de dire : stop !** On n'a pas à tomber sous la coupe d'un tyran parce qu'on est en train de sortir de la dépendance envers ses parents.

Quels sont les moyens pour dire stop à une conduite qui devient dangereuse ?

Les parents peuvent par exemple imposer des limites : contrôle des sorties, des repas, des loisirs… Car les adultes doivent opposer des contraintes extérieures fortes pour faire

contrepoids à des conduites dont l'ado n'arrive plus à se défaire et qui l'emprisonnent. Parfois, l'intervention d'un autre adulte, professionnel de la santé ou de l'adolescence, peut aussi être nécessaire.

Quand une expérience n'est plus un choix mais devient une contrainte, il faut y mettre fin.

Un ado en danger accepte-t-il facilement de l' aide ?

Un ado peut entendre les interrogations de ses parents, à condition qu'ils ne lui disent pas : « Tu es malade », mais plutôt : « Il n'y a aucune raison pour que tu renonces à une partie de tes potentialités sociales, affectives, d'apprentissage. Il n'y a aucune raison pour que tu t'enfermes dans tes peurs, dans ton malaise. » Car **le comportement destructeur d'un ado n'est jamais quelque chose qu'il a réellement choisi.** Ce comportement s'est imposé à lui : il exprime un malaise, une peur dont il n'arrive pas à se libérer.

Pour ne pas s'y enfermer, il appréciera peut-être une ouverture à l'extérieur de la famille. Il existe de nombreuses possibilités pour trouver une personne informée qui pourra conseiller, orienter. Parfois, une psychothérapie peut aider à découvrir des outils pour sortir de l'engrenage dans lequel on est pris. Quelles que soient les bêtises qu'on a pu faire, l'état dans lequel on est, **il est toujours possible de sortir d'une impasse,** même si cela peut être difficile.

Pour demander de l'aide

De nombreuses personnes ou services peuvent orienter un adolescent pris dans une spirale infernale :

- l'infirmière scolaire ou le médecin généraliste
- le Fil Santé Jeunes : Des professionnels de l'adolescence répondent aux appels et peuvent donner des adresses partout en France.
  Numéro d'appel anonyme et gratuit : 0 800 235 236
- le service Écoute Familles de l'UNAFAM (Union nationale des amis et familles de malades psychiques) : 01 42 63 03 03

« Je me prends la tête »

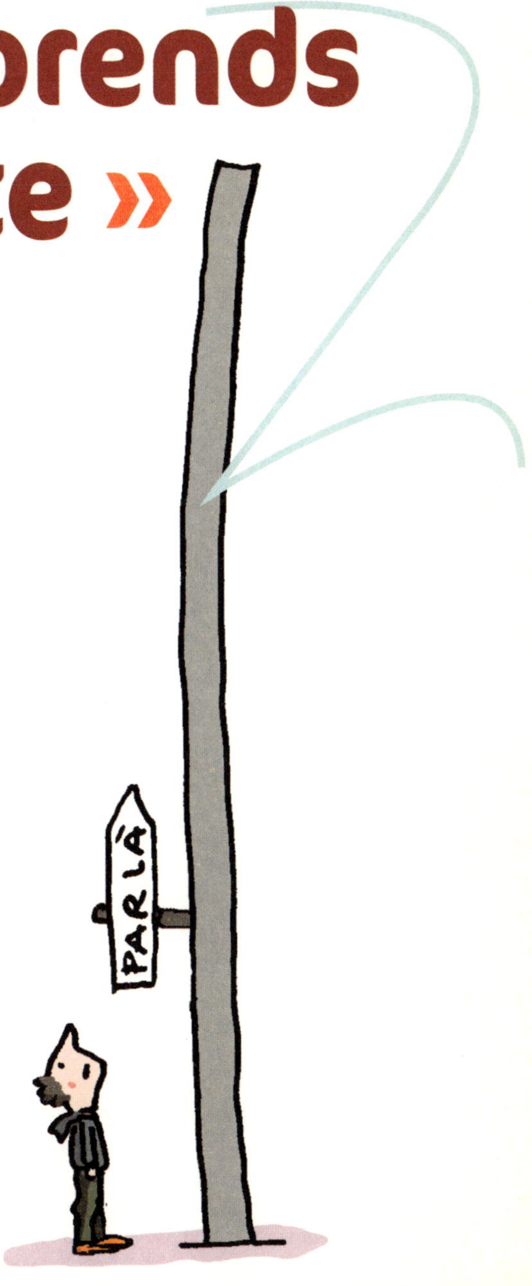

on se dit tout

« L'an passé, mon grand-père, ma grand-tante et mon grand-oncle sont morts à trois mois d'intervalle. Depuis ces décès, je ne crois plus en Dieu (je pense que j'y ai jamais vraiment cru…). Mes parents pensent que je traverse une période de doute et que ça passera. »
Rachel

« En ce moment, je ne sais pas où j'en suis. J'ai 13 ans et demi et j'ai l'impression que je joue ma vie. Que je n'ai pas le droit à l'erreur parce que la vie est trop courte. Je remets tout en question, je m'interroge sur le sens de ma vie : si je vais la réussir, si le vrai bonheur existe… Bref, je suis totalement perdue. »
Lili, 13 ans et demi

« Je ne comprends pas comment on peut abandonner des animaux. L'été dernier, j'ai vu des gens qui, après avoir attaché leur chien au bord d'une route, se sont enfuis en courant. Je trouve ça vraiment ignoble ! »
Julien, 13 ans

« Depuis que Dieu existe, il y a beaucoup de gens qui ont été tués à cause des guerres, et parfois même à cause de lui, dans les guerres de religion. Actuellement, il y a aussi de l'injustice partout dans le monde. Alors, je ne vois pas pourquoi on continue à se dire que Dieu existe. S'il y avait vraiment un dieu qui aime les hommes, il n'accepterait pas tout ça ! »
Olivia, 13 ans

« Je voulais savoir pourquoi, à l'adolescence, on se pose autant de grandes questions existentielles sur la vie. Parce que, moi, je passe le plus clair de mon temps à me poser ce genre de questions… »
Nina, 13 ans

« Un jour, je jouais avec un copain qui est noir. Un garçon s'est approché de moi et m'a dit : « Alors, Blanco, tu joues avec la couleur merde de chien ? » Mon copain et moi avons été très choqués, et j'ai riposté : « Ta gueule, raciste ! ». Il m'a donné un coup de pied. Je l'ai dit à un mono. Mais, après, il a même tabassé mon copain, ce qui lui a valu une fracture de la mâchoire. Je me suis posé cette question : ai-je bien fait de dire au mono qu'on avait insulté mon copain ? »
Thibaud, 12 ans

« Les joueurs de football gagnent énormément d'argent, alors qu'il y a beaucoup de personnes qui n'en ont pas du tout. Je ne trouve pas ça vraiment normal. »
Ludovic, 11 ans

« Pourquoi y a-t-il dans certains endroits sur Terre des gens à moitié nus, qui piochent dès 7 ans toute la journée dans des mines, qui mendient, qui volent, qui lavent des voitures à des prix dérisoires et qui se prostituent pour faire vivre leur famille ? Et, dans d'autres coins du monde, des gens qui se baladent en chaussures à 60 euros, qui regardent leur télé couleur avec DVD ? »
Théo, 11 ans

« J'ai peur de la mort. Je ne peux m'empêcher de me poser un tas de questions du genre : où va-t-on quand on est mort ? L'enfer, ça existe ? Comment vais-je mourir ? Parfois, en pensant à ma grand-mère décédée quand j'avais 4 ans (j'en ai bientôt 14), je fonds en larmes. Alors je tourne en rond et j'ai du mal à me calmer. »
Anonyme

on se dit tout

« Nous (les jeunes), on n'arrête pas de se plaindre ! On ne dit toujours que le côté négatif des choses, des gens, etc. Je pense qu'on devrait dire plus souvent qu'on est heureux. Alors moi, je le dis. J'aime la vie, et c'est fantastique ! Mes frères et moi, on s'entend super bien (avant, il m'est arrivé de les détester). J'aime un garçon qui ne me connaît pas, mais c'est pas grave ! Ma mère est tout à fait mère poule, mais je survis… Je suis surchargée de travail, mais je surmonte ça… Je préfère prendre le bon côté des choses : c'est tellement plus gai de se sentir heureuse, et puis rien que le fait d'être heureux, ça rend tous les autres heureux… Franchement, on n'a qu'une seule vie, alors vivons-la bien et pleinement ! »
Élodie, 13 ans

« Je me sens inutile, et je voudrais lutter contre ça.
Pourrais-tu m'aider dans ma quête ?
En me donnant des informations sur des sites, des associations où je pourrais réagir et me battre ? »
Une lectrice qui voudrait changer le monde

« J'ai un copain qui est mort. Depuis sa disparition, je n'arrête pas d'y penser. Comment parvenir à l'oublier ? »
François, 15 ans

« L'avenir me fait parfois peur. Je me demande surtout comment on peut vivre seul, sans ses parents, parce que les parents, c'est quand même crucial. Quand je me dis qu'un jour je devrai me débrouiller sans eux, ça m'angoisse un peu. »
Kevin, 14 ans

« Les médias ne parlent pas des guerres moins connues, comme celle qui détruit la civilisation du Tibet, vieille de 2000 ans ! Je trouve ça aberrant dans notre pays où existe la liberté de la presse ! On dirait que les journalistes sont tous formatés. »
Jeanne, 13 ans

« J'ai un très gros problème
qui, comme ça,
peut paraître débile,
mais je vous assure
qu'il me fait souffrir :
quand je suis dans la rue,
il suffit que je voie une personne
démunie, ou un clochard,
et je me mets à pleurer
sans pouvoir me contrôler.
À plusieurs reprises,
cela m'est arrivé,
et ça m'a fichu la honte. »
Hughes

« Tous les gens ont des droits égaux, quelles que soient leur couleur et leur religion. On a tous le droit de s'exprimer, mais pas avec des propos vulgaires et racistes. Je ne suis pas noire, je ne suis pas juive ou musulmane, mais je dis quand même halte au racisme ! »
Mona, 11 ans

« Je suis CHOQUÉE de l'état de notre planète, quand j'entends parler de toutes ces pollutions : les marées noires de plus en plus proches, la pollution de l'air dans les villes, les déchets, les dégâts sur la faune, la flore, la déforestation.... C'est URGENT, je pense, de réagir à tout ça »
Noémie, 13 ans

« Regardez dans quel monde on vit ! Il y a des maladies, des guerres, la pollution, des gens qui souffrent partout dans le monde. Il y a des injustices, de la violence, du sang, des morts, alors que les milliardaires sont là à ne rien faire et que tout le monde ne pense qu'au fric. Le fric, il n'y a pas que ça dans la vie ! il y a la paix, l'amour,l'affection, la gentillesse, le respect et plein d'autres choses encore. Alors, réfléchissez et dites-moi si vous êtes fiers d'habiter dans ce monde qui est le vôtre. »
Emilie, 13 ans

« J'étudie depuis la rentrée des livres sur la Seconde Guerre mondiale. Ce qui me choque le plus dans cette période de peur et de douleur, c'est l'Holocauste. Mais une question me vient souvent : pourquoi ? Qu'ont fait les Juifs pour mériter ça ? Quels crimes leur reprochait-on ? Vivre ? Exister ? Étaient-ils donc si différents de nous ? »
Paul, 13 ans

vivre, c'est agir et... penser !

L'adolescence n'est pas un fleuve tranquille ! Trop de remous agitent vos pensées, bousculent votre corps, pour que vous restiez là à contempler le monde ou à l'ignorer. Et puis, mine de rien, votre cerveau continue de se développer et vous rend capable de pensées et de réflexions abstraites, complexes, et de plus en plus organisées, à la plus grande satisfaction, mais parfois aussi au plus grand agacement, de vos parents ou de vos professeurs. Ils découvrent soudain vos talents inépuisables d'homme ou de femme d'affaires, d'avocat ou de négociateur !

Une énergie infinie

• Chacun à sa façon, selon son environnement, son éducation, sa personnalité, ouvre en grand sa fenêtre sur le monde. Pour y jeter – et y puiser – interrogations, coups de gueule ou de blues, et élans d'enthousiasme. Avec cette fougue, cet appétit de vie qui vous caractérise à l'adolescence, vous êtes à même de remettre en cause des habitudes familiales, discuter la note ou les remarques d'un professeur, débattre à l'infini du dernier CD d'un rappeur, vous indigner devant une injustice, ou vous engager dans un projet solidaire.

Des questions urgentes...

• Parfois, face à l'impassibilité des adultes qui vous entourent, parents, profs, des bouillons de rage montent en vous : ne comprennent-ils rien ?

Sont-ils indifférents ou bien satisfaits du monde dans lequel ils vous ont fait naître ? Parfois aussi, il nous faut reconnaître que, malgré leur expérience et leurs repères, les adultes continuent de s'interroger. Ou que malgré leur foi, les croyants ne disposent pas plus que les autres d'un mode d'emploi pour leur vie. Pas facile de récolter des points d'interrogation encore plus grands que ceux que l'on a semés ! Cela peut vous angoisser, mais aussi vous ouvrir de larges horizons. Puisqu'il n'existe pas de « marche à suivre » pour connaître l'amour, la réussite ou le bonheur, chacun peut s'y préparer à sa façon. Donc, vous à la vôtre !

Malgré leur expérience et leurs repères, les adultes continuent de s'interroger.

... pour toute la vie

● L'énergie que vous employez à débattre, à dénoncer l'état du monde, n'a d'égale que votre fragilité bien cachée et bien naturelle. Car interroger ainsi la marche du monde, l'histoire de votre famille ou les valeurs de vos parents vous amène à vous interroger sur vous-même : Et moi ? Qu'est-ce que je veux vraiment ? Qu'est-ce que je vaux vraiment ? Que vais-je devenir ?... Des questions essentielles et urgentes qui vous animeront tout au long de votre vie. Car, aussi passionnante soit-elle aujourd'hui, votre vie ne se joue pas qu'à l'adolescence. Vous la construisez depuis votre naissance, vous n'avez pas fini de la construire. Et vous n'aurez jamais fini ! Donnez-vous du temps pour vivre avec vos copains, vos amis, votre amoureux, votre famille, pour apprendre, pour vous constituer un bagage personnel qui vous accompagnera et vous guidera... toute la vie.

pour aller plus loin

L'adolescence est-elle la période des grandes questions ?

Chacun a déjà vécu avant l'adolescence une période de grandes questions ! Et pourquoi ? Et pourquoi ? Et pourquoi ? demandent sans cesse les petits vers l'âge de trois ans. À cet âge-là, les inquiétudes s'installent autour de la peur de perdre ses parents et de grandir : Que se passera-t-il quand je deviendrai grand ? Que deviendront papa et maman ? Ce questionnement accompagne une prise d'autonomie : l'enfant va à l'école maternelle, se déplace vite et facilement…

À l'adolescence, les effets de la puberté, l'entrée au collège et l'autonomie grandissante ravivent tous ces questionnements : je deviens un grand ; que devient mon enfance ?

> L'adolescence ravive tous les grands questionnements.

Mais les ados ne se posent pas que des questions sur eux-mêmes. Ils interrogent avec la même énergie le monde dans lequel ils vivent. Pourquoi ?

À l'adolescence, le développement intellectuel, renforcé par les connaissances acquises au collège, permet de formuler différemment ses inquiétudes intérieures : **on ne parle plus de soi, on parle des problèmes du monde.** On se cache derrière eux, en quelque sorte. Les deux questions : « Dans quel état est le monde ? » et : « Dans quel état suis-je ? » n'en font qu'une ! Ce sont les deux expressions de cette période de déstabilisation où **l'on a le sentiment de perdre quelque chose sans savoir encore ce qu'on va gagner.**

Bien sûr, la sensibilité des ados aux problèmes du monde est aussi et avant tout un signe d'ouverture : **elle peut les amener à agir en se**

dévouant à des causes. Mais il arrive aussi, à l'inverse, qu'elle conduise à l'enfermement. Tout dépend de la façon dont les adultes accompagnent ces questions, car le regard d'un ado sur le monde est en quelque sorte formaté par ce qu'il a vécu. Des jugements définitifs sur l'état du monde lancés avec désinvolture par un adulte peuvent être pris au pied de la lettre par des ados, qui y verront **une confirmation ou une justification de leur malaise :** « Le monde est malade, normal que j'aille mal » ; ou : « Dans ce monde pourri, comment ne serais-je pas pourri également ? »

Les ados interrogent aussi les valeurs transmises par leurs parents.

De là, il n'y a qu'un pas pour proclamer « *No Future* », et renoncer, en abandonnant les études ou d'autres formes de développement, à **se donner les moyens de changer le monde.** Face aux capacités d'emballement des ados, **les adultes ont donc un rôle modérateur à jouer,** en les aidant à nuancer leurs avis et à prendre du recul.

La capacité de révolte des ados n'est-elle pas positive ?

C'est bien d'être sensible aux difficultés, à la détresse des autres, mais ce qui compte, c'est d'agir en menant des luttes sérieuses, efficaces, pas d'exprimer sa révolte à grands cris ! Être en révolte ne doit pas fournir un alibi pour éviter de se confronter soi-même avec les apprentissages, la rivalité ou les évaluations, tout ce qui donne petit à petit des outils, des connaissances, une formation professionnelle, de l'expérience, que l'on pourra utiliser pour… changer le monde. **On ne peut pas se dispenser de l'effort !**

Pourquoi remet-on parfois en cause lors de l'adolescence son éducation ou sa pratique religieuse ?

Parce qu'on se confronte aux différences et que l'on se pose des questions sur la relation qu'on a avec ses parents : comme on ne les idéalise plus, **on se demande si les valeurs qu'ils nous ont transmises sont les bonnes.**

Il est important que les ados sentent qu'on ne les empêche pas de se poser des questions et qu'on a confiance en leur capacité de comprendre que le choix ne se fait pas entre « tout » et « rien » : des valeurs fondamentales peuvent être transmises indépendamment des croyances et des rites. C'est à chacun de décider, après avoir fait son propre chemin, de ce qu'on fait de ses croyances. **La brutalité d'une remise en cause par un ado répond souvent à une rigidité dans son entourage.**

La mort est l'une des grandes interrogations des adolescents. Pourquoi vit-on, si c'est pour mourir ? demandent-ils.

Le questionnement des adolescents sur la mort est un signe de leur grand appétit de vivre. Un ado se sent poussé vers l'avenir avec une telle force, qu'il peut en ressentir une angoisse : en avançant ainsi dans la vie, est-ce que je ne pousse pas mes parents vers la mort ? Il perçoit aussi plus nettement les différences entre les générations : des décès survenus autour de lui viennent les souligner.

Est-ce particulièrement difficile à l'adolescence de penser que, de toute façon, la vie nous échappe, puisqu'on meurt tous un jour ?

La mort est la représentation maximale de la perte : on perd la vie, on perd ceux qu'on aime, même quand on est croyant, et qu'on croit à la vie éternelle. Oui, **la mort illustre notre impuissance :** face à elle, on ne peut rien. Mais plus on est serein, plus on vit des choses heureuses, plus on peut accepter de ne rien contrôler. À l'inverse, plus on est anxieux, plus on éprouve le besoin de maîtriser les événements. Sinon, on a l'impression de ne pas exister. Les plus anxieux, les moins solides à l'intérieur, peuvent donc être plus profondément bousculés par l'idée de la mort. C'est pourquoi, à l'adolescence, **le suicide exprime davantage le refus de subir une vie qu'on ne contrôle pas qu'un véritable désir de mort.** « Je n'ai pas choisi de naître, veulent dire certains à leurs parents, mais je choisis de prendre ma vie en main en y mettant fin. »

Un ado se sent poussé vers l'avenir avec une telle force qu'il peut en ressentir une angoisse.

Pourquoi cet énorme appétit de vie se transforme-t-il parfois en force de destruction ?

Quand on se sent trop faible à l'intérieur de soi, impuissant de façon insupportable, c'est parce qu'on est déçu de ne pas être aussi fort, aussi puissant, aussi solide qu'on le voudrait. Mais peut-être est-on trop exigeant ? Alors, quand on est grandement déçu, on peut être tenté de dire : « C'est moi qui vais détruire, ainsi je cesserai de subir, ainsi je ne me sentirai plus impuissant. »

Mais il faudrait que ces ados comprennent que la force de leur déception correspond à la force de leurs envies : **on éprouve une grande déception quand on a beaucoup espéré.** Quand certains disent : « Je m'en fous, plus rien ne m'intéresse », cela signifie en réalité : « Comme je ne m'en fous pas et que j'ai peur d'être déçu, je préfère ne m'intéresser à rien, ainsi, je ne risque pas d'être déçu, et je contrôle la situation. » Cette tentation de prouver sa force dans la destruction est un terrible piège ! La solution est de se faire aider, par un psychologue ou un psychiatre, pour **transformer cette force destructive en force positive.**

Cette tentation de prouver sa force dans la destruction est un terrible piège !

Aurai-je droit moi aussi au bonheur ? Que répondre à ceux qui s'angoissent en posant la question ?

Le bonheur ne peut pas être un droit, cela sous-entendrait que l'on va le recevoir passivement. Non, le bonheur, comme une maison solide, on le construit petit à petit, avec des matériaux fiables, c'est-à-dire en s'appuyant sur ses capacités personnelles.

À l'adolescence, on doute de soi, car on éprouve des envies très fortes et on n'est pas sûr d'avoir les moyens de les satisfaire. Pour ne pas rester dans l'inquiétude, il faut découvrir

Plus on va de l'avant, plus on obtient des preuves de ses capacités.

ses ressources : on en a toujours, mais elles ne se révèlent que lorsqu'on avance. Plus on va de l'avant, plus on obtient des preuves de ses capacités. Voilà pourquoi il est important d'échanger, d'apprendre, d'entreprendre différentes expériences.

Comme l'amour, le bonheur ne tombe pas du ciel : il est en nous, mais on a besoin du regard des autres pour se rendre compte qu'on a en soi toutes les ressources pour le vivre. Attention, **on a besoin des autres, mais les autres ne peuvent pas tout non plus !** Une rencontre, une relation implique toujours deux personnes : l'autre et soi-même. Alors, comment demander aux autres ce qu'on se refuse à soi ? Avant d'attendre de quelqu'un qu'il nous apprécie, nous aime, on pourrait essayer de s'aimer soi-même ! **Pour être heureux, il faut commencer par croire au bonheur.**

index

Les nombres indiqués en gras renvoient au début des chapitres consacrés intégralement à la notion.

table des matières

Photos : **Shanta Rao / Métis** pour *Okapi*

3, rue Bayard, 75008 Paris
ISBN : 2 7470 1304 9 - Dépôt légal : mai 2004
Imprimé en France par CLERC S.A.S. - 18200 Saint-Amand-Montrond
Loi 49-956 du 16 juillet 1949 sur les publications destinées à la jeunesse.